T&P BOOKS

ÁRABE

VOCABULARIO

PALABRAS MÁS USADAS

ESPAÑOL-ÁRABE

Las palabras más útiles
Para expandir su vocabulario y refinar
sus habilidades lingüísticas

3000 palabras

Vocabulario Español-Árabe Egipcio - 3000 palabras más usadas
por Andrey Taranov

Los vocabularios de T&P Books buscan ayudar en el aprendizaje, la memorización y la revisión de palabras de idiomas extranjeros. El diccionario se divide por temas, cubriendo toda la esfera de las actividades cotidianas, de negocios, ciencias, cultura, etc.

El proceso de aprendizaje de palabras utilizando los diccionarios temáticos de T&P Books le proporcionará a usted las siguientes ventajas:

- La información del idioma secundario está organizada claramente y predetermina el éxito para las etapas subsiguientes en la memorización de palabras.
- Las palabras derivadas de la misma raíz se agrupan, lo cual permite la memorización de grupos de palabras en vez de palabras aisladas.
- Las unidades pequeñas de palabras facilitan el proceso de reconocimiento de enlaces de asociación que se necesitan para la cohesión del vocabulario.
- De este modo, se puede estimar el número de palabras aprendidas y así también el nivel de conocimiento del idioma.

Copyright © 2024 T&P Books Publishing

Todos los derechos reservados. Ninguna porción de este libro puede reproducirse o utilizarse de ninguna manera o por ningún medio; sea electrónico o mecánico, lo cual incluye la fotocopia, grabación o información almacenada y sistemas de recuperación, sin el permiso escrito de la editorial.

T&P Books Publishing
www.tpbooks.com

ISBN: 978-1-78716-741-4

Este libro está disponible en formato electrónico o de E-Book también.
Visite www.tpbooks.com o las librerías electrónicas más destacadas en la Red.

VOCABULARIO ÁRABE EGIPCIO
palabras más usadas

Los vocabularios de T&P Books buscan ayudar al aprendiz a aprender, memorizar y repasar palabras de idiomas extranjeros. Los vocabularios contienen más de 3000 palabras comúnmente usadas y organizadas de manera temática.

- El vocabulario contiene las palabras corrientes más usadas.
- Se recomienda como ayuda adicional a cualquier curso de idiomas.
- Capta las necesidades de aprendices de nivel principiante y avanzado.
- Es conveniente para uso cotidiano, prácticas de revisión y actividades de auto-evaluación.
- Facilita la evaluación del vocabulario.

Aspectos claves del vocabulario

- Las palabras se organizan según el significado, no según el orden alfabético.
- Las palabras se presentan en tres columnas para facilitar los procesos de repaso y auto-evaluación.
- Los grupos de palabras se dividen en pequeñas secciones para facilitar el proceso de aprendizaje.
- El vocabulario ofrece una transcripción sencilla y conveniente de cada palabra extranjera.

El vocabulario contiene 101 temas que incluyen lo siguiente:

Conceptos básicos, números, colores, meses, estaciones, unidades de medidas, ropa y accesorios, comida y nutrición, restaurantes, familia nuclear, familia extendida, características de personalidad, sentimientos, emociones, enfermedades, la ciudad y el pueblo, exploración del paisaje, compras, finanzas, la casa, el hogar, la oficina, el trabajo en oficina, importación y exportación, promociones, búsqueda de trabajo, deportes, educación, computación, la red, herramientas, la naturaleza, los países, las nacionalidades y más ...

TABLA DE CONTENIDO

GUÍA DE PRONUNCIACIÓN

T&P alfabeto fonético	Ejemplo Árabe Egipcio	Ejemplo español
[a]	[ṭaffa] طفّى	radio
[ā]	[extār] إختار	contraataque
[e]	[setta] ستّة	verano
[i]	[minā'] ميناء	ilegal
[ī]	[ebrīl] إبريل	destino
[o]	[oɣosṭos] أغسطس	bordado
[ō]	[ḥalazōn] حلزون	domicilio
[u]	[kalkutta] كلكتا	mundo
[ū]	[gamūs] جاموس	nocturna
[b]	[bedāya] بداية	en barco
[d]	[sa'āda] سعادة	desierto
[ḍ]	[waḍ'] وضع	[d] faríngea
[ʒ]	[arʒantīn] الأرجنتين	adyacente
[ẓ]	[ẓahar] ظهر	[z] faríngea
[f]	[xafīf] خفيف	golf
[g]	[bahga] بهجة	jugada
[h]	[ettegāh] إتّجاه	registro
[ḥ]	[ḥabb] حبّ	[h] faríngea
[y]	[dahaby] ذهبي	asiento
[k]	[korsy] كرسي	charco
[l]	[lammaḥ] لمّح	lira
[m]	[marṣad] مرصد	nombre
[n]	[ganūb] جنوب	sonar
[p]	[kaputʃino] كابتشينو	precio
[q]	[wasaq] وثق	catástrofe
[r]	[roḥe] روح	era, alfombra
[s]	[soxreya] سخرية	salva
[ṣ]	[me'ṣam] معصم	[s] faríngea
[ʃ]	['aʃā'] عشاء	shopping
[t]	[tanūb] تنوب	torre
[ṭ]	[xarīṭa] خريطة	[t] faríngea
[θ]	[mamūθ] ماموث	pinzas
[v]	[vietnām] فيتنام	travieso
[w]	[wadda'] ودّع	acuerdo
[x]	[baxīl] بخيل	reloj
[ɣ]	[etɣadda] إتغدّى	amigo, magnífico
[z]	[me'za] معزة	desde

T&P alfabeto fonético	Ejemplo Árabe Egipcio	Ejemplo español
[‘] (ayn)	**[sab‘a] سبعة**	fricativa faríngea sonora
[’] (hamza)	**[sa’al] سأل**	oclusiva glotal sorda

ABREVIATURAS
usadas en el vocabulario

Abreviatura en Árabe Egipcio

du	-	sustantivo plural (doble)
f	-	sustantivo femenino
m	-	sustantivo masculino
pl	-	plural

Abreviatura en español

adj	-	adjetivo
adv	-	adverbio
anim.	-	animado
conj	-	conjunción
etc.	-	etcétera
f	-	sustantivo femenino
f pl	-	femenino plural
fam.	-	uso familiar
fem.	-	femenino
form.	-	uso formal
inanim.	-	inanimado
innum.	-	innumerable
m	-	sustantivo masculino
m pl	-	masculino plural
m, f	-	masculino, femenino
masc.	-	masculino
mat	-	matemáticas
mil.	-	militar
num.	-	numerable
p.ej.	-	por ejemplo
pl	-	plural
pron	-	pronombre
sg	-	singular
v aux	-	verbo auxiliar
vi	-	verbo intransitivo
vi, vt	-	verbo intransitivo, verbo transitivo
vr	-	verbo reflexivo
vt	-	verbo transitivo

CONCEPTOS BÁSICOS

1. Los pronombres

yo	ana	أنا
tú (masc.)	enta	أنت
tú (fem.)	enty	أنت
él	howwa	هوّ
ella	hiya	هيّ
nosotros, -as	eḥna	إحنا
vosotros, -as	antom	أنتم
ellos, ellas	hamm	همّ

2. Saludos. Salutaciones

¡Hola! (form.)	assalamu ʿalaykum!	السلام عليكم!
¡Buenos días!	ṣabāḥ el χeyr!	صباح الخير!
¡Buenas tardes!	neharak saʿīd!	نهارك سعيد!
¡Buenas noches!	masāʾ el χeyr!	مساء الخير!
decir hola	sallem	سلّم
¡Hola! (a un amigo)	ahlan!	أهلاً!
saludo (m)	salām (m)	سلام
saludar (vt)	sallem ʿala	سلّم على
¿Cómo estás?	ezzayek?	ازّيّك؟
¿Qué hay de nuevo?	aχbārak eyh?	أخبارك ايه؟
¡Chau! ¡Adiós!	maʿ el salāma!	مع السلامة!
¡Hasta pronto!	aʃūfak orayeb!	أشوفك قريب!
¡Adiós!	maʿ el salāma!	مع السلامة!
despedirse (vr)	waddaʿ	ودّع
¡Hasta luego!	bay bay!	باي باي!
¡Gracias!	ʃokran!	شكراً!
¡Muchas gracias!	ʃokran geddan!	شكراً جداً!
De nada	el ʿafw	العفو
No hay de qué	la ʃokr ʿala wāgeb	لا شكر على واجب
De nada	el ʿafw	العفو
¡Disculpa!	ʿan eznak!	عن إذنك!
¡Disculpe!	baʿd ezn ḥadretak!	بعد إذن حضرتك!
disculpar (vt)	ʿazar	عذر
disculparse (vr)	eʿtazar	أعتذر
Mis disculpas	ana ʾāsef	أنا آسف
¡Perdóneme!	ana ʾāsef!	أنا آسف!

perdonar (vt)	ʿafa	عفا
por favor	men faḍlak	من فضلك
¡No se le olvide!	ma tensāʃ!	ما تنساش!
¡Ciertamente!	ṭabʿan!	طبعاً!
¡Claro que no!	laʾ ṭabʿan!	لأ طبعاً!
¡De acuerdo!	ettafaʾna!	إتّفقنا!
¡Basta!	kefāya!	كفاية!

3. Las preguntas

¿Quién?	mīn?	مين؟
¿Qué?	eyh?	ايه؟
¿Dónde?	feyn?	فين؟
¿Adónde?	feyn?	فين؟
¿De dónde?	meneyn?	منين؟
¿Cuándo?	emta	امتى؟
¿Para qué?	ʿaʃān eyh?	عشان ايه؟
¿Por qué?	leyh?	ليه؟
¿Por qué razón?	l eyh?	لـ ليه؟
¿Cómo?	ezāy?	إزاي؟
¿Qué ...? (~ color)	eyh?	ايه؟
¿Cuál?	ayī?	أيّ؟
¿A quién?	le mīn?	لمين؟
¿De quién? (~ hablan ...)	ʿan mīn?	عن مين؟
¿De qué?	ʿan eyh?	عن ايه؟
¿Con quién?	maʿ mīn?	مع مين؟
¿Cuánto?	kām?	كام؟
¿De quién? (~ es este ...)	betāʿet mīn?	بتاعت مين؟

4. Las preposiciones

con ... (~ algn)	maʿ	مع
sin ... (~ azúcar)	men ɣeyr	من غير
a ... (p.ej. voy a México)	ela	إلى
de ... (hablar ~)	ʿan	عن
antes de ...	ʾabl	قبل
delante de ...	ʾoddām	قدّام
debajo	taḥt	تحت
sobre ..., encima de ...	foʾe	فوق
en, sobre (~ la mesa)	ʿala	على
de (origen)	men	من
de (fabricado de)	men	من
dentro de ...	baʿd	بعد
encima de ...	men ʿala	من على

5. Las palabras útiles. Los adverbios. Unidad 1

¿Dónde?	feyn?	فين؟
aquí (adv)	hena	هنا
allí (adv)	henāk	هناك
en alguna parte	fe makānen ma	في مكان ما
en ninguna parte	meʃ fi ayī makān	مش في أيّ مكان
junto a ...	ganb	جنب
junto a la ventana	ganb el ʃebbāk	جنب الشبّاك
¿A dónde?	feyn?	فين؟
aquí (venga ~)	hena	هنا
allí (vendré ~)	henāk	هناك
de aquí (adv)	men hena	من هنا
de allí (adv)	men henāk	من هناك
cerca (no lejos)	ʾarīb	قريب
lejos (adv)	beʿīd	بعيد
cerca de ...	ʿand	عند
al lado (de ...)	ʾarīb	قريب
no lejos (adv)	meʃ beʿīd	مش بعيد
izquierdo (adj)	el ʃemāl	الشمال
a la izquierda (situado ~)	ʿalal ʃemāl	على الشمال
a la izquierda (girar ~)	lel ʃemāl	للشمال
derecho (adj)	el yemīn	اليمين
a la derecha (situado ~)	ʿalal yemīn	على اليمين
a la derecha (girar)	lel yemīn	لليمين
delante (yo voy ~)	ʾoddām	قدّام
delantero (adj)	amāmy	أمامي
adelante (movimiento)	ela el amām	إلى الأمام
detrás de ...	waraʾ	وراء
desde atrás	men wara	من ورّا
atrás (da un paso ~)	le wara	لورّا
centro (m), medio (m)	wasaṭ (m)	وسط
en medio (adv)	fel wasat	في الوسط
de lado (adv)	ʿala ganb	على جنب
en todas partes	fe kol makān	في كل مكان
alrededor (adv)	ḥawaleyn	حوالين
de dentro (adv)	men gowwah	من جوّه
a alguna parte	le ʾayī makān	لأي مكان
todo derecho (adv)	ʿala ṭūl	على طول
atrás (muévelo para ~)	rogūʿ	رجوع
de alguna parte (adv)	men ayī makān	من أيّ مكان
no se sabe de dónde	men makānen mā	من مكان ما

primero (adv)	awwalan	أولاً
segundo (adv)	sāneyan	ثانياً
tercero (adv)	sālesan	ثالثاً
de súbito (adv)	fagʾa	فجأة
al principio (adv)	fel bedāya	في البداية
por primera vez	le ʾawwel marra	لأوّل مرّة
mucho tiempo antes ...	ʾabl ... be modda ṭawīla	قبل... بمدة طويلة
de nuevo (adv)	men gedīd	من جديد
para siempre (adv)	lel abad	للأبد
jamás, nunca (adv)	abadan	أبداً
de nuevo (adv)	tāny	تاني
ahora (adv)	delwaʾty	دلوقتي
frecuentemente (adv)	ketīr	كثير
entonces (adv)	waʾtaha	وقتها
urgentemente (adv)	ʿala ṭūl	على طول
usualmente (adv)	ʿādatan	عادةً
a propósito, ...	ʿala fekra ...	على فكرة...
es probable	momken	ممكن
probablemente (adv)	momken	ممكن
tal vez	momken	ممكن
además ...	bel eḍāfa ela ...	بالإضافة إلى...
por eso ...	ʿaʃān keda	عشان كده
a pesar de ...	bel raɣm men ...	بالرغم من...
gracias a ...	be faḍl ...	بفضل...
qué (pron)	elly	إللي
que (conj)	ennu	إنّه
algo (~ le ha pasado)	ḥāga (f)	حاجة
algo (~ así)	ayī ḥāga (f)	أيّ حاجة
nada (f)	wala ḥāga	ولا حاجة
quien	elly	إللي
alguien (viene ~)	ḥadd	حدّ
alguien (¿ha llamado ~?)	ḥadd	حدّ
nadie	wala ḥadd	ولا حدّ
a ninguna parte	meʃ le wala makān	مش لـ ولا مكان
de nadie	wala ḥadd	ولا حدّ
de alguien	le ḥadd	لحدّ
tan, tanto (adv)	geddan	جداً
también (~ habla francés)	kamān	كمان
también (p.ej. Yo ~)	kamān	كمان

6. Las palabras útiles. Los adverbios. Unidad 2

¿Por qué?	leyh?	ليه؟
no se sabe porqué	le sabeben ma	لسبب ما
porque ...	ʿaʃān ...	... عشان
por cualquier razón (adv)	le hadafen mā	لهدف ما
y (p.ej. uno y medio)	w	و

o (p.ej. té o café)	walla	ولّلا
pero (p.ej. me gusta, ~)	bass	بسّ
para (p.ej. es para ti)	ʿaʃān	عشان
demasiado (adv)	ketīr geddan	كتير جدّاً
sólo, solamente (adv)	bass	بسّ
exactamente (adv)	bel ḍabṭ	بالضبط
unos ..., cerca de ... (~ 10 kg)	naḥw	نحو
aproximadamente	naḥw	نحو
aproximado (adj)	taqrīby	تقريبي
casi (adv)	taʾrīban	تقريباً
resto (m)	el bāʾy (m)	الباقي
cada (adj)	koll	كلّ
cualquier (adj)	ayī	أيّ
mucho (adv)	ketīr	كتير
muchos (mucha gente)	nās ketīr	ناس كتير
todos	koll el nās	كلّ الناس
a cambio de ...	fi moqābel ...	... في مقابل
en cambio (adv)	fe moqābel	في مقابل
a mano (hecho ~)	bel yad	باليد
poco probable	bel kād	بالكاد
probablemente	momken	ممكن
a propósito (adv)	bel ʾaṣd	بالقصد
por accidente (adv)	bel ṣodfa	بالصدفة
muy (adv)	ʾawy	قوّي
por ejemplo (adv)	masalan	مثلاً
entre (~ nosotros)	beyn	بين
entre (~ otras cosas)	wesṭ	وسط
tanto (~ gente)	ketīr	كتير
especialmente (adv)	χāṣṣa	خاصّة

NÚMEROS. MISCELÁNEA

7. Números cardinales. Unidad 1

cero	ṣefr	صفر
uno	wāḥed	واحد
una	waḥda	واحدة
dos	etneyn	إتنين
tres	talāta	ثلاثة
cuatro	arbaʿa	أربعة
cinco	χamsa	خمسة
seis	setta	ستّة
siete	sabʿa	سبعة
ocho	tamanya	ثمانية
nueve	tesʿa	تسعة
diez	ʿaʃara	عشرة
once	ḥedāʃar	حداشر
doce	etnāʃar	إتناشر
trece	talattāʃar	تلاتّاشر
catorce	arbaʿtāʃer	أربعتاشر
quince	χamastāʃer	خمستاشر
dieciséis	settāʃar	ستّاشر
diecisiete	sabaʿtāʃar	سبعتاشر
dieciocho	tamantāʃar	تمنتاشر
diecinueve	tesʿatāʃar	تسعتاشر
veinte	ʿeʃrīn	عشرين
veintiuno	wāḥed we ʿeʃrīn	واحد وعشرين
veintidós	etneyn we ʿeʃrīn	إتنين وعشرين
veintitrés	talāta we ʿeʃrīn	ثلاثة وعشرين
treinta	talatīn	ثلاثين
treinta y uno	wāḥed we talatīn	واحد وتلاتين
treinta y dos	etneyn we talatīn	إتنين وتلاتين
treinta y tres	talāta we talatīn	ثلاثة وثلاثين
cuarenta	arbeʿīn	أربعين
cuarenta y uno	wāḥed we arbeʿīn	واحد وأربعين
cuarenta y dos	etneyn we arbeʿīn	إتنين وأربعين
cuarenta y tres	talāta we arbeʿīn	ثلاثة وأربعين
cincuenta	χamsīn	خمسين
cincuenta y uno	wāḥed we χamsīn	واحد وخمسين
cincuenta y dos	etneyn we χamsīn	إتنين وخمسين
cincuenta y tres	talāta we χamsīn	ثلاثة وخمسين
sesenta	settīn	ستّين
sesenta y uno	wāḥed we settīn	واحد وستّين

sesenta y dos	etneyn we settīn	إتنين وستّين
sesenta y tres	talāta we settīn	ثلاثة وستّين
setenta	sab'īn	سبعين
setenta y uno	wāḥed we sab'īn	واحد وسبعين
setenta y dos	etneyn we sab'īn	إتنين وسبعين
setenta y tres	talāta we sab'īn	ثلاثة وسبعين
ochenta	tamanīn	ثمانين
ochenta y uno	wāḥed we tamanīn	واحد وتمانين
ochenta y dos	etneyn we tamanīn	إتنين وتمانين
ochenta y tres	talāta we tamanīn	ثلاثة وثمانين
noventa	tes'īn	تسعين
noventa y uno	wāḥed we tes'īn	واحد وتسعين
noventa y dos	etneyn we tes'īn	إتنين وتسعين
noventa y tres	talāta we tes'īn	ثلاثة وتسعين

8. Números cardinales. Unidad 2

cien	miya	ميّة
doscientos	meteyn	ميتين
trescientos	toltomiya	تلتميّة
cuatrocientos	rob'omiya	ربعميّة
quinientos	χomsomiya	خمسميّة
seiscientos	sotomiya	ستميّة
setecientos	sob'omiya	سبعميّة
ochocientos	tomnome'a	ثمنمئة
novecientos	tos'omiya	تسعميّة
mil	alf	ألف
dos mil	alfeyn	ألفين
tres mil	talat 'ālāf	ثلاث آلاف
diez mil	'aʃaret 'ālāf	عشرة آلاف
cien mil	mīt alf	ميت ألف
millón (m)	millyon (m)	مليون
mil millones	millyār (m)	مليار

9. Números ordinales

primero (adj)	awwel	أوّل
segundo (adj)	tāny	ثاني
tercero (adj)	tālet	ثالث
cuarto (adj)	rābe'	رابع
quinto (adj)	χāmes	خامس
sexto (adj)	sādes	سادس
séptimo (adj)	sābe'	سابع
octavo (adj)	tāmen	ثامن
noveno (adj)	tāse'	تاسع
décimo (adj)	'āʃer	عاشر

LOS COLORES. LAS UNIDADES DE MEDIDA

10. Los colores

color (m)	lone (m)	لون
matiz (m)	daraget el lōn (m)	درجة اللون
tono (m)	ṣabɣet lōn (f)	صبغة اللون
arco (m) iris	qose qozaḥ (m)	قوس قزح
blanco (adj)	abyaḍ	أبيض
negro (adj)	aswad	أسود
gris (adj)	romādy	رمادي
verde (adj)	aχḍar	أخضر
amarillo (adj)	aṣfar	أصفر
rojo (adj)	aḥmar	أحمر
azul (adj)	azraʾ	أزرق
azul claro (adj)	azraʾ fāteḥ	أزرق فاتح
rosa (adj)	wardy	وردي
naranja (adj)	bortoqāly	برتقاليّ
violeta (adj)	banaffsegy	بنفّسجي
marrón (adj)	bonny	بنّي
dorado (adj)	dahaby	ذهبيّ
argentado (adj)	feḍḍy	فضّي
beige (adj)	bɛ:ʒ	بيج
crema (adj)	ʿāgy	عاجيّ
turquesa (adj)	fayrūzy	فيروزي
rojo cereza (adj)	aḥmar karazy	أحمر كرزي
lila (adj)	laylaky	ليّلكي
carmesí (adj)	qormozy	قرمزي
claro (adj)	fāteḥ	فاتح
oscuro (adj)	ɣāmeʾ	غامق
vivo (adj)	zāhy	زاهي
de color (lápiz ~)	melawwen	ملوّن
en colores (película ~)	melawwen	ملوّن
blanco y negro (adj)	abyaḍ we aswad	أبيض وأسوّد
unicolor (adj)	sāda	سادة
multicolor (adj)	motaʿadded el alwān	متعدّد الألوان

11. Las unidades de medida

peso (m)	wazn (m)	وزن
longitud (f)	ṭūl (m)	طول

anchura (f)	ʿarḍ (m)	عرض
altura (f)	ertefāʿ (m)	إرتفاع
profundidad (f)	ʿomq (m)	عمق
volumen (m)	ḥagm (m)	حجم
área (f)	mesāḥa (f)	مساحة
gramo (m)	gram (m)	جرام
miligramo (m)	milligrām (m)	ملّيغرام
kilogramo (m)	kilogrām (m)	كيلوغرام
tonelada (f)	ṭenn (m)	طنّ
libra (f)	reṭl (m)	رطل
onza (f)	onṣa (f)	أونصة
metro (m)	metr (m)	متر
milímetro (m)	millimetr (m)	ملّيمتر
centímetro (m)	santimetr (m)	سنتيمتر
kilómetro (m)	kilometr (m)	كيلومتر
milla (f)	mīl (m)	ميل
pulgada (f)	boṣa (f)	بوصة
pie (m)	ʾadam (m)	قدم
yarda (f)	yarda (f)	ياردة
metro (m) cuadrado	metr morabbaʿ (m)	متر مربّع
hectárea (f)	hektār (m)	هكتار
litro (m)	litre (m)	لتر
grado (m)	daraga (f)	درجة
voltio (m)	volt (m)	فولت
amperio (m)	ambere (m)	أمبير
caballo (m) de fuerza	ḥoṣān (m)	حصان
cantidad (f)	kemiya (f)	كميّة
un poco de ...	ʃewayet ...	شويّة...
mitad (f)	noṣṣ (m)	نصّ
docena (f)	desta (f)	دستة
pieza (f)	waḥda (f)	وحدة
dimensión (f)	ḥagm (m)	حجم
escala (f) (del mapa)	meʾyās (m)	مقياس
mínimo (adj)	el adna	الأدنى
el más pequeño (adj)	el aṣɣar	الأصغر
medio (adj)	motawasseṭ	متوّسط
máximo (adj)	el aqṣa	الأقصى
el más grande (adj)	el akbar	الأكبر

12. Contenedores

tarro (m) de vidrio	barṭamān (m)	برطمان
lata (f)	kanz (m)	كانز
cubo (m)	gardal (m)	جردل
barril (m)	barmīl (m)	برميل
palangana (f)	ḥoḍe lel ɣasīl (m)	حوض للغسيل

tanque (m)	χazzān (m)	خزّان
petaca (f) (de alcohol)	zamzamiya (f)	زمزميّة
bidón (m) de gasolina	ʒerken (m)	جركن
cisterna (f)	χazzān (m)	خزّان
taza (f) (mug de cerámica)	mugg (m)	ماجّ
taza (f) (~ de café)	fengān (m)	فنجان
platillo (m)	ṭaba' fengān (m)	طبق فنجان
vaso (m) (~ de agua)	kobbāya (f)	كوبّاية
copa (f) (~ de vino)	kāsa (f)	كاسة
olla (f)	ḥalla (f)	حلّة
botella (f)	ezāza (f)	إزازة
cuello (m) de botella	ʿonq (m)	عنق
garrafa (f)	dawra' zogāgy (m)	دورّق زجاجي
jarro (m) (~ de agua)	ebrī' (m)	إبريق
recipiente (m)	weʿā' (m)	وعاء
tarro (m)	aṣīṣ (m)	أصيص
florero (m)	vāza (f)	فازة
frasco (m) (~ de perfume)	ezāza (f)	إزازة
frasquito (m)	ezāza (f)	إزازة
tubo (m)	anbūba (f)	أنبوبة
saco (m) (~ de azúcar)	kīs (m)	كيس
bolsa (f) (~ plástica)	kīs (m)	كيس
paquete (m) (~ de cigarrillos)	ʿelba (f)	علبة
caja (f)	ʿelba (f)	علبة
cajón (m) (~ de madera)	ṣandū' (m)	صندوق
cesta (f)	salla (f)	سلّة

LOS VERBOS MÁS IMPORTANTES

13. Los verbos más importantes. Unidad 1

abrir (vt)	fataḥ	فتح
acabar, terminar (vt)	xallaṣ	خلّص
aconsejar (vt)	naṣaḥ	نصح
adivinar (vt)	xammen	خمّن
advertir (vt)	ḥazzar	حذّر
alabarse, jactarse (vr)	tabāha	تباهى
almorzar (vi)	etɣadda	إتغدّى
alquilar (~ una casa)	estʾgar	إستأجر
amenazar (vt)	hadded	هدّد
arrepentirse (vr)	nedem	ندم
ayudar (vt)	sāʿed	ساعد
bañarse (vr)	sebeḥ	سبح
bromear (vi)	hazzar	هزّر
buscar (vt)	dawwar ʿala	دوّر على
caer (vi)	weʾeʿ	وقع
callarse (vr)	seket	سكت
cambiar (vt)	ɣayar	غيّر
castigar, punir (vt)	ʿāqab	عاقب
cavar (vt)	ḥafar	حفر
cazar (vi, vt)	eṣṭād	اصطاد
cenar (vi)	etʿasʃa	إتعشّى
cesar (vt)	baṭṭal	بطّل
coger (vt)	mesek	مسك
comenzar (vt)	badaʾ	بدأ
comparar (vt)	qāran	قارن
comprender (vt)	fehem	فهم
confiar (vt)	wasaq	وثق
confundir (vt)	etlaxbaṭ	إتلخبط
conocer (~ a alguien)	ʿeref	عرف
contar (vt) (enumerar)	ʿadd	عدّ
contar con …	eʿtamad ʿala …	إعتمد على…
continuar (vt)	wāṣel	واصل
controlar (vt)	et-ḥakkem	إتحكّم
correr (vi)	gery	جري
costar (vt)	kallef	كلّف
crear (vt)	ʿamal	عمل

14. Los verbos más importantes. Unidad 2

dar (vt)	edda	إدّى
dar una pista	edda lamḥa	إدّى لمحة

decir (vt)	'āl	قال
decorar (para la fiesta)	zayen	زيّن
defender (vt)	dāfa'	دافع
dejar caer	wa''a'	وقّع
desayunar (vi)	feṭer	فطر
descender (vi)	nezel	نزل
dirigir (administrar)	adār	أدار
disculparse (vr)	e'tazar	إعتذر
discutir (vt)	nā'eʃ	ناقش
dudar (vt)	ʃakk fe	شكّ في
encontrar (hallar)	la'a	لقى
engañar (vi, vt)	χada'	خدع
entrar (vi)	daχal	دخل
enviar (vt)	arsal	أرسل
equivocarse (vr)	ɣeleṭ	غلط
escoger (vt)	eχtār	إختار
esconder (vt)	χabba	خبّأ
escribir (vt)	katab	كتب
esperar (aguardar)	estanna	إستنّى
esperar (tener esperanza)	tamanna	تمنّى
estar de acuerdo	ettafa'	إتّفق
estudiar (vt)	daras	درس
exigir (vt)	ṭāleb	طالب
existir (vi)	kān mawgūd	كان موّجود
explicar (vt)	ʃaraḥ	شرح
faltar (a las clases)	ɣāb	غاب
firmar (~ el contrato)	waqqa'	وقّع
girar (~ a la izquierda)	ḥād	حاد
gritar (vi)	ṣarraχ	صرّخ
guardar (conservar)	ḥafaẓ	حفظ
gustar (vi)	'agab	عجب
hablar (vi, vt)	kallem	كلّم
hacer (vt)	'amal	عمل
informar (vt)	'āl ly	قال لي
insistir (vi)	aṣarr	أصرّ
insultar (vt)	ahān	أهان
interesarse (vr)	ehtamm be	إهتمّ بـ
invitar (vt)	'azam	عزم
ir (a pie)	meʃy	مشى
jugar (divertirse)	le'eb	لعب

15. Los verbos más importantes. Unidad 3

leer (vi, vt)	'ara	قرأ
liberar (ciudad, etc.)	ḥarrar	حرّر
llamar (por ayuda)	estaɣās	إستغاث

llegar (vi)	weṣel	وصل
llorar (vi)	baka	بكى
matar (vt)	ʾatal	قتل
mencionar (vt)	zakar	ذكر
mostrar (vt)	warra	ورّى
nadar (vi)	ʿām	عام
negarse (vr)	rafaḍ	رفض
objetar (vt)	eʿtaraḍ	إعترض
observar (vt)	rāqab	راقب
oír (vt)	semeʿ	سمع
olvidar (vt)	nesy	نسي
orar (vi)	ṣalla	صلّى
ordenar (mil.)	amar	أمر
pagar (vi, vt)	dafaʿ	دفع
pararse (vr)	waʾʾaf	وقّف
participar (vi)	ʃārek	شارك
pedir (ayuda, etc.)	ṭalab	طلب
pedir (en restaurante)	ṭalab	طلب
pensar (vi, vt)	fakkar	فكّر
percibir (ver)	lāḥaẓ	لاحظ
perdonar (vt)	ʿafa	عفا
permitir (vt)	samaḥ	سمح
pertenecer a ...	χaṣṣ	خصّ
planear (vt)	χaṭṭeṭ	خطّط
poder (v aux)	ʾeder	قدر
poseer (vt)	malak	ملك
preferir (vt)	faḍḍal	فضّل
preguntar (vt)	saʾal	سأل
preparar (la cena)	ḥaḍḍar	حضّر
prever (vt)	tanabbaʾ	تنبّأ
probar, tentar (vt)	ḥāwel	حاول
prometer (vt)	waʿad	وعد
pronunciar (vt)	naṭaʾ	نطق
proponer (vt)	ʿaraḍ	عرض
quebrar (vt)	kasar	كسر
quejarse (vr)	ʃaka	شكا
querer (amar)	ḥabb	حبّ
querer (desear)	ʿāyez	عايز

16. Los verbos más importantes. Unidad 4

recomendar (vt)	naṣaḥ	نصح
regañar, reprender (vt)	wabbeχ	وبّخ
reírse (vr)	ḍeḥek	ضحك
repetir (vt)	karrar	كرّر
reservar (~ una mesa)	ḥagaz	حجز

responder (vi, vt)	gāwab	جاوب
robar (vt)	sara'	سرق
saber (~ algo mas)	'eref	عرف
salir (vi)	χarag	خرج
salvar (vt)	anqaz	أنقذ
seguir ...	tatabba'	تتبّع
sentarse (vr)	'a'ad	قعد
ser necesario	maṭlūb	مطلوب
ser, estar (vi)	kān	كان
significar (vt)	'aṣad	قصد
sonreír (vi)	ebtasam	إبتسم
sorprenderse (vr)	etfāge'	إتفاجئ
subestimar (vt)	estaχaff	إستخفّ
tener (vt)	malak	ملك
tener hambre	'āyez 'ākol	عايز آكل
tener miedo	χāf	خاف
tener prisa	esta'gel	إستعجل
tener sed	'āyez aʃrab	عايز أشرب
tirar, disparar (vi)	ḍarab bel nār	ضرب بالنار
tocar (con las manos)	lamas	لمس
tomar (vt)	aχad	أخد
tomar nota	katab	كتب
trabajar (vi)	eʃtaɣal	إشتغل
traducir (vt)	targem	ترجم
unir (vt)	waḥḥed	وحّد
vender (vt)	bā'	باع
ver (vt)	ʃāf	شاف
volar (pájaro, avión)	ṭār	طار

LA HORA. EL CALENDARIO

17. Los días de la semana

lunes (m)	el etneyn (m)	الإتنين
martes (m)	el talāt (m)	التلات
miércoles (m)	el arbe'ā' (m)	الأربعاء
jueves (m)	el χamīs (m)	الخميس
viernes (m)	el gom'a (m)	الجمعة
sábado (m)	el sabt (m)	السبت
domingo (m)	el aḥad (m)	الأحد
hoy (adv)	el naharda	النهارده
mañana (adv)	bokra	بكرة
pasado mañana	ba'd bokra (m)	بعد بكرة
ayer (adv)	embāreḥ	امبارح
anteayer (adv)	awwel embāreḥ	أوّل امبارح
día (m)	yome (m)	يوم
día (m) de trabajo	yome 'amal (m)	يوم عمل
día (m) de fiesta	agāza rasmiya (f)	أجازة رسميّة
día (m) de descanso	yome el agāza (m)	يوم أجازة
fin (m) de semana	nehāyet el osbū' (f)	نهاية الأسبوع
todo el día	ṭūl el yome	طول اليوم
al día siguiente	fel yome elly ba'dīh	في اليوم اللي بعديه
dos días atrás	men yomeyn	من يومين
en vísperas (adv)	fel yome elly 'ablo	في اليوم اللي قبله
diario (adj)	yawmy	يومي
cada día (adv)	yawmiyan	يومياً
semana (f)	osbū' (m)	أسبوع
semana (f) pasada	el esbū' elly fāt	الأسبوع اللي فات
semana (f) que viene	el esbū' elly gayī	الأسبوع اللي جاي
semanal (adj)	osbū'y	أسبوعي
cada semana (adv)	osbū'iyan	أسبوعياً
2 veces por semana	marreteyn fel osbū'	مرّتين في الأسبوع
todos los martes	koll solasā'	كلّ ثلاثاء

18. Las horas. El día y la noche

mañana (f)	ṣobḥ (m)	صبح
por la mañana	fel ṣobḥ	في الصبح
mediodía (m)	ẓohr (m)	ظهر
por la tarde	ba'd el ḍohr	بعد الظهر
noche (f)	leyl (m)	ليل
por la noche	bel leyl	بالليل

noche (f) (p.ej. 2:00 a.m.)	leyl (m)	ليل
por la noche	bel leyl	بالليل
medianoche (f)	noṣṣ el leyl (m)	نصّ الليل
segundo (m)	sanya (f)	ثانية
minuto (m)	deʾīʾa (f)	دقيقة
hora (f)	sāʿa (f)	ساعة
media hora (f)	noṣṣ sāʿa (m)	نصّ ساعة
cuarto (m) de hora	robʿ sāʿa (f)	ربع ساعة
quince minutos	χamastāʃer deʾīʾa	خمستاشر دقيقة
veinticuatro horas	arbaʿa we ʿeʃrīn sāʿa	أربعة وعشرين ساعة
salida (f) del sol	ʃorūʾ el ʃams (m)	شروق الشمس
amanecer (m)	fagr (m)	فجر
madrugada (f)	ṣobḥ badry (m)	صبح بدري
puesta (f) del sol	ɣorūb el ʃams (m)	غروب الشمس
de madrugada	el ṣobḥ badry	الصبح بدري
esta mañana	el naharda el ṣobḥ	النهاردة الصبح
mañana por la mañana	bokra el ṣobḥ	بكرة الصبح
esta tarde	el naharda baʿd el ḍohr	النهاردة بعد الظهر
por la tarde	baʿd el ḍohr	بعد الظهر
mañana por la tarde	bokra baʿd el ḍohr	بكرة بعد الظهر
esta noche (p.ej. 8:00 p.m.)	el naharda bel leyl	النهاردة بالليل
mañana por la noche	bokra bel leyl	بكرة بالليل
a las tres en punto	es sāʿa talāta bel ḍabṭ	الساعة تلاتة بالضبط
a eso de las cuatro	es sāʿa arbaʿa taʾrīban	الساعة أربعة تقريبا
para las doce	ḥatt es sāʿa etnāʃar	حتى الساعة إتناشر
dentro de veinte minutos	fe χelāl ʿeʃrīn deʿeeʿa	في خلال عشرين دقيقة
dentro de una hora	fe χelāl sāʿa	في خلال ساعة
a tiempo (adv)	fe mawʿedo	في موعده
... menos cuarto	ella robʿ	إلّا ربع
durante una hora	χelāl sāʿa	خلال ساعة
cada quince minutos	koll robʿ sāʿa	كلّ ربع ساعة
día y noche	leyl nahār	ليل نهار

19. Los meses. Las estaciones

enero (m)	yanāyer (m)	يناير
febrero (m)	febrāyer (m)	فبراير
marzo (m)	māres (m)	مارس
abril (m)	ebrīl (m)	إبريل
mayo (m)	māyo (m)	مايو
junio (m)	yonyo (m)	يونيو
julio (m)	yolyo (m)	يوليو
agosto (m)	oɣosṭos (m)	أغسطس
septiembre (m)	sebtamber (m)	سبتمبر
octubre (m)	oktober (m)	أكتوبر
noviembre (m)	november (m)	نوفمبر

diciembre (m)	desember (m)	ديسمبر
primavera (f)	rabeeʿ (m)	ربيع
en primavera	fel rabeeʿ	في الربيع
de primavera (adj)	rabeeʿy	ربيعي
verano (m)	ṣeyf (m)	صيف
en verano	fel ṣeyf	في الصيف
de verano (adj)	ṣeyfy	صيفي
otoño (m)	χarīf (m)	خريف
en otoño	fel χarīf	في الخريف
de otoño (adj)	χarīfy	خريفي
invierno (m)	ʃetāʾ (m)	شتاء
en invierno	fel ʃetāʾ	في الشتاء
de invierno (adj)	ʃetwy	شتوّي
mes (m)	ʃahr (m)	شهر
este mes	fel ʃahr da	في الشهر ده
al mes siguiente	el ʃahr el gayī	الشهر الجايّ
el mes pasado	el ʃahr elly fāt	الشهر اللي فات
hace un mes	men ʃahr	من شهر
dentro de un mes	baʿd ʃahr	بعد شهر
dentro de dos meses	baʿd ʃahreyn	بعد شهرين
todo el mes	el ʃahr kollo	الشهر كلّه
todo un mes	ṭawāl el ʃahr	طوال الشهر
mensual (adj)	ʃahry	شهري
mensualmente (adv)	ʃahry	شهري
cada mes	koll ʃahr	كلّ شهر
dos veces por mes	marreteyn fel ʃahr	مرّتين في الشهر
año (m)	sana (f)	سنة
este año	el sana di	السنة دي
el próximo año	el sana el gaya	السنة الجايّة
el año pasado	el sana elly fātet	السنة اللي فاتت
hace un año	men sana	من سنة
dentro de un año	baʿd sana	بعد سنة
dentro de dos años	baʿd sanateyn	بعد سنتين
todo el año	el sana kollaha	السنة كلّها
todo un año	ṭūl el sana	طول السنة
cada año	koll sana	كلّ سنة
anual (adj)	sanawy	سنوّي
anualmente (adv)	koll sana	كلّ سنة
cuatro veces por año	arbaʿ marrāt fel sana	أربع مرات في السنة
fecha (f) (la ~ de hoy es ...)	tarīχ (m)	تاريخ
fecha (f) (~ de entrega)	tarīχ (m)	تاريخ
calendario (m)	natīga (f)	نتيجة
medio año (m)	noṣṣ sana	نصّ سنة
seis meses	settet aʃ-hor (f)	ستّة أشهر
estación (f)	faṣl (m)	فصل
siglo (m)	qarn (m)	قرن

EL VIAJE. EL HOTEL

20. Las vacaciones. El viaje

turismo (m)	seyāḥa (f)	سياحة
turista (m)	sā'eḥ (m)	سائح
viaje (m)	reḥla (f)	رحلة
aventura (f)	moɣamra (f)	مغامرة
viaje (m) (p.ej. ~ en coche)	reḥla (f)	رحلة
vacaciones (f pl)	agāza (f)	أجازة
estar de vacaciones	kān fi agāza	كان في أجازة
descanso (m)	estrāḥa (f)	إستراحة
tren (m)	qeṭār, 'aṭṭr (m)	قطار
en tren	bel qeṭār - bel aṭṭr	بالقطار
avión (m)	ṭayāra (f)	طيّارة
en avión	bel ṭayāra	بالطيّارة
en coche	bel sayāra	بالسيّارة
en barco	bel safīna	بالسفينة
equipaje (m)	el ʃonaṭ (pl)	الشنط
maleta (f)	ʃanṭa (f)	شنطة
carrito (m) de equipaje	'arabet ʃonaṭ (f)	عربة شنط
pasaporte (m)	basbore (m)	باسبور
visado (m)	ta'ʃīra (f)	تأشيرة
billete (m)	tazkara (f)	تذكرة
billete (m) de avión	tazkara ṭayarān (f)	تذكرة طيران
guía (f) (libro)	dalīl (m)	دليل
mapa (m)	xarīṭa (f)	خريطة
área (f) (~ rural)	mante'a (f)	منطقة
lugar (m)	makān (m)	مكان
exotismo (m)	ɣarāba (f)	غرابة
exótico (adj)	ɣarīb	غريب
asombroso (adj)	mod-heʃ	مدهش
grupo (m)	magmū'a (f)	مجموعة
excursión (f)	gawla (f)	جولة
guía (m) (persona)	morʃed (m)	مرشد

21. El hotel

hotel (m)	fondo' (m)	فندق
motel (m)	motel (m)	موتيل
de tres estrellas	talat nogūm	ثلاث نجوم

de cinco estrellas	χamas nogūm	خمس نجوم
hospedarse (vr)	nezel	نزل
habitación (f)	oḍa (f)	أوضة
habitación (f) individual	owḍa le ʃaχṣ wāḥed (f)	أوضة لشخص واحد
habitación (f) doble	oḍa le ʃaχṣeyn (f)	أوضة لشخصين
reservar una habitación	ḥagaz owḍa	حجز أوضة
media pensión (f)	wagbeteyn fel yome (du)	وجبتين في اليوم
pensión (f) completa	talat wagabāt fel yome	ثلاث وجبات في اليوم
con baño	bel banyo	بـ البانيو
con ducha	bel doʃ	بالدوش
televisión (f) satélite	televizion be qanawāt faḍā'iya (m)	تليفزيون بقنوات فضائية
climatizador (m)	takyīf (m)	تكييف
toalla (f)	fūṭa (f)	فوطة
llave (f)	meftāḥ (m)	مفتاح
administrador (m)	modīr (m)	مدير
camarera (f)	ʿāmela tandīf ɣoraf (f)	عاملة تنظيف غرف
maletero (m)	ʃayāl (m)	شيّال
portero (m)	bawwāb (m)	بوّاب
restaurante (m)	maṭʿam (m)	مطعم
bar (m)	bār (m)	بار
desayuno (m)	foṭūr (m)	فطور
cena (f)	ʿaʃā' (m)	عشاء
buffet (m) libre	bofeyh (m)	بوفيه
vestíbulo (m)	rad-ha (f)	ردهة
ascensor (m)	asanseyr (m)	اسانسير
NO MOLESTAR	nargu ʿadam el ezʿāg	نرجو عدم الإزعاج
PROHIBIDO FUMAR	mamnūʿ el tadχīn	ممنوع التدخين

22. El turismo. La excursión

monumento (m)	temsāl (m)	تمثال
fortaleza (f)	'alʿa (f)	قلعة
palacio (m)	'aṣr (m)	قصر
castillo (m)	'alʿa (f)	قلعة
torre (f)	borg (m)	برج
mausoleo (m)	ḍarīḥ (m)	ضريح
arquitectura (f)	handasa meʿmāriya (f)	هندسة معمارية
medieval (adj)	men el qorūn el wosṭa	من القرون الوسطى
antiguo (adj)	ʿatīq	عتيق
nacional (adj)	waṭany	وطني
conocido (adj)	maʃ-hūr	مشهور
turista (m)	sā'eḥ (m)	سائح
guía (m) (persona)	morʃed (m)	مرشد
excursión (f)	gawla (f)	جولة

mostrar (vt)	warra	ورّى
contar (una historia)	'āl	قال
encontrar (hallar)	la'a	لقى
perderse (vr)	ḍā'	ضاع
plano (m) (~ de metro)	χarīṭa (f)	خريطة
mapa (m) (~ de la ciudad)	χarīṭa (f)	خريطة
recuerdo (m)	tezkār (m)	تذكار
tienda (f) de regalos	maḥal hadāya (m)	محل هدايا
hacer fotos	ṣawwar	صوّر
fotografiarse (vr)	etṣawwar	إتصوّر

EL TRANSPORTE

23. El aeropuerto

aeropuerto (m)	maṭār (m)	مطار
avión (m)	ṭayāra (f)	طيّارة
compañía (f) aérea	ʃerket ṭayarān (f)	شركة طيران
controlador (m) aéreo	marākeb el ḥaraka el gawiya (m)	مراكب الحركة الجويّة
despegue (m)	moɣadra (f)	مغادرة
llegada (f)	woṣūl (m)	وصول
llegar (en avión)	weṣel	وصل
hora (f) de salida	wa'ʾt el moɣadra (m)	وقت المغادرة
hora (f) de llegada	wa'ʾt el woṣūl (m)	وقت الوصول
retrasarse (vr)	ta'ʾakχar	تأخّر
retraso (m) de vuelo	ta'ʾaχor el reḥla (m)	تأخّر الرحلة
pantalla (f) de información	lawḥet el ma'ʿlomāt (f)	لوحة المعلومات
información (f)	este'ʿlamāt (pl)	إستعلامات
anunciar (vt)	a'ʿlan	أعلن
vuelo (m)	reḥlet ṭayarān (f)	رحلة طيران
aduana (f)	gamārek (pl)	جمارك
aduanero (m)	mowazzaf el gamārek (m)	موظّف الجمارك
declaración (f) de aduana	taṣrīḥ gomroky (m)	تصريح جمركي
rellenar (vt)	mala	ملا
rellenar la declaración	mala el taṣrīḥ	ملأ التصريح
control (m) de pasaportes	taftīʃ el gawazāt (m)	تفتيش الجوازات
equipaje (m)	el ʃonaṭ (pl)	الشنط
equipaje (m) de mano	ʃonaṭ el yad (pl)	شنط اليد
carrito (m) de equipaje	ʿarabet ʃonaṭ (f)	عربة شنط
aterrizaje (m)	hobūṭ (m)	هبوط
pista (f) de aterrizaje	mamarr el hobūṭ (m)	ممرّ الهبوط
aterrizar (vi)	habaṭ	هبط
escaleras (f pl) (de avión)	sellem el ṭayāra (m)	سلّم الطيّارة
facturación (f) (check-in)	tasgīl (m)	تسجيل
mostrador (m) de facturación	makān tasgīl (m)	مكان تسجيل
hacer el check-in	saggel	سجّل
tarjeta (f) de embarque	beṭāqet el rokūb (f)	بطاقة الركوب
puerta (f) de embarque	bawwābet el moɣadra (f)	بوّابة المغادرة
tránsito (m)	tranzīt (m)	ترانزيت
esperar (aguardar)	estanna	إستنّى

zona (f) de preembarque	ṣālet el moɣadra (f)	صالة المغادرة
despedir (vt)	wadda'	ودّع
despedirse (vr)	wadda'	ودّع

24. El avión

avión (m)	ṭayāra (f)	طيّارة
billete (m) de avión	tazkara ṭayarān (f)	تذكرة طيران
compañía (f) aérea	ʃerket ṭayarān (f)	شركة طيران
aeropuerto (m)	maṭār (m)	مطار
supersónico (adj)	χāreq lel ṣote	خارق للصوت
comandante (m)	kabten (m)	كابتن
tripulación (f)	ṭa'm (m)	طقم
piloto (m)	ṭayār (m)	طيّار
azafata (f)	moḍīfet ṭayarān (f)	مضيفة طيران
navegador (m)	mallāḥ (m)	ملاّح
alas (f pl)	agneḥa (pl)	أجنحة
cola (f)	deyl (m)	ذيل
cabina (f)	kabīna (f)	كابينة
motor (m)	motore (m)	موتور
tren (m) de aterrizaje	'agalāt el hobūṭ (pl)	عجلات الهبوط
turbina (f)	torbīna (f)	توربينة
hélice (f)	marwaḥa (f)	مروّحة
caja (f) negra	mosaggel el ṭayarān (m)	مسجّل الطيران
timón (m)	moqawwed el ṭayāra (m)	مقوّد الطيّارة
combustible (m)	woqūd (m)	وقود
instructivo (m) de seguridad	beṭā'et el salāma (f)	بطاقة السلامة
respirador (m) de oxígeno	mask el oksyʒīn (m)	ماسك الاوكسيجين
uniforme (m)	zayī muwaḥḥad (m)	زيّ موحّد
chaleco (m) salvavidas	sotret nagah (f)	سترة نجاة
paracaídas (m)	baraʃot (m)	باراشوت
despegue (m)	eqlā' (m)	إقلاع
despegar (vi)	aqla'et	أقلعت
pista (f) de despegue	modarrag el ṭa'erāṭ (m)	مدرّج الطائرات
visibilidad (f)	ro'ya (f)	رؤية
vuelo (m)	ṭayarān (m)	طيران
altura (f)	ertefā' (m)	إرتفاع
pozo (m) de aire	geyb hawā'y (m)	جيب هوائي
asiento (m)	meq'ad (m)	مقعد
auriculares (m pl)	samma'āt ra'siya (pl)	سمّاعات رأسية
mesita (f) plegable	ṣeniya qabela lel ṭayī (f)	صينية قابلة للطيّ
ventana (f)	ʃebbāk el ṭayāra (m)	شبّاك الطيّارة
pasillo (m)	mamarr (m)	ممرّ

25. El tren

tren (m)	qeṭār, ʾaṭṭr (m)	قطار
tren (m) de cercanías	qeṭār rokkāb (m)	قطار ركّاب
tren (m) rápido	qeṭār sareeʿ (m)	قطار سريع
locomotora (f) diésel	qāṭeret dīzel (f)	قاطرة ديزل
tren (m) de vapor	qāṭera boχariya (f)	قاطرة بخاريّة
coche (m)	ʿaraba (f)	عربة
coche (m) restaurante	ʿarabet el ṭaʿām (f)	عربة الطعام
rieles (m pl)	qoḍbān (pl)	قضبان
ferrocarril (m)	sekka ḥadīdiya (f)	سكّة حديديّة
traviesa (f)	ʿāreḍa sekket ḥadīd (f)	عارضة سكّة الحديد
plataforma (f)	raṣīf (m)	رصيف
vía (f)	χaṭṭ (m)	خطّ
semáforo (m)	semafore (m)	سيمافور
estación (f)	maḥaṭṭa (f)	محطّة
maquinista (m)	sawwāʾ (m)	سوّاق
maletero (m)	ʃayāl (m)	شيّال
mozo (m) del vagón	masʾūl ʿarabet el qeṭār (m)	مسؤول عربة القطار
pasajero (m)	rākeb (m)	راكب
revisor (m)	kamsary (m)	كمسري
corredor (m)	mamarr (m)	ممرّ
freno (m) de urgencia	farāmel el ṭawāreʾ (pl)	فرامل الطوارئ
compartimiento (m)	ɣorfa (f)	غرفة
litera (f)	serīr (m)	سرير
litera (f) de arriba	serīr ʿolwy (m)	سرير علوّي
litera (f) de abajo	serīr sofly (m)	سرير سفلي
ropa (f) de cama	aɣṭeyet el serīr (pl)	أغطيّة السرير
billete (m)	tazkara (f)	تذكرة
horario (m)	gadwal (m)	جدوّل
pantalla (f) de información	lawḥet maʿlomāt (f)	لوحة معلومات
partir (vi)	ɣādar	غادر
partida (f) (del tren)	moɣadra (f)	مغادرة
llegar (tren)	weṣel	وصل
llegada (f)	woṣūl (m)	وصول
llegar en tren	weṣel bel qeṭār	وصل بالقطار
tomar el tren	rekeb el qeṭār	ركب القطار
bajar del tren	nezel men el qeṭār	نزل من القطار
descarrilamiento (m)	ḥeṭām qeṭār (m)	حطام قطار
descarrilarse (vr)	χarag ʿan χaṭṭ sīru	خرج عن خطّ سيره
tren (m) de vapor	qāṭera boχariya (f)	قاطرة بخاريّة
fogonero (m)	ʿatʃagy (m)	عطشجي
hogar (m)	forn el moḥarrek (m)	فرن المحرّك
carbón (m)	faḥm (m)	فحم

26. El barco

barco, buque (m)	safīna (f)	سفينة
navío (m)	safīna (f)	سفينة
buque (m) de vapor	baχera (f)	باخرة
motonave (f)	baχera nahriya (f)	باخرة نهرية
trasatlántico (m)	safīna seyaḥiya (f)	سفينة سياحيّة
crucero (m)	ṭarrād safīna baḥariya (m)	طرّاد سفينة بحريّة
yate (m)	yaχt (m)	يخت
remolcador (m)	qāṭera baḥariya (f)	قاطرة بحريّة
barcaza (f)	ṣandal (m)	صندل
ferry (m)	ʿabbāra (f)	عبّارة
velero (m)	safīna ʃeraʿiya (m)	سفينة شراعيّة
bergantín (m)	markeb ʃerāʿy (m)	مركب شراعي
rompehielos (m)	moḥaṭṭemet galīd (f)	محطّمة جليد
submarino (m)	ɣawwāṣa (f)	غوّاصة
bote (m) de remo	markeb (m)	مركب
bote (m)	zawraʾ (m)	زورق
bote (m) salvavidas	qāreb nagah (m)	قارب نجاة
lancha (f) motora	lunʃ (m)	لنش
capitán (m)	ʾobṭān (m)	قبطان
marinero (m)	baḥḥār (m)	بحّار
marino (m)	baḥḥār (m)	بحّار
tripulación (f)	ṭāqem (m)	طاقم
contramaestre (m)	rabbān (m)	ربّان
grumete (m)	ṣaby el safīna (m)	صبي السفينة
cocinero (m) de abordo	ṭabbāχ (m)	طبّاخ
médico (m) del buque	ṭabīb el safīna (m)	طبيب السفينة
cubierta (f)	saṭ-ḥ el safīna (m)	سطح السفينة
mástil (m)	sāreya (f)	سارية
vela (f)	ʃerāʿ (m)	شراع
bodega (f)	ʿanbar (m)	عنبر
proa (f)	moʾaddema (m)	مقدّمة
popa (f)	moʾaχeret el safīna (f)	مؤخّرة السفينة
remo (m)	megdāf (m)	مجذاف
hélice (f)	marwaḥa (f)	مروّحة
camarote (m)	kabīna (f)	كابينة
sala (f) de oficiales	ɣorfet el ṭaʿām wel rāḥa (f)	غرفة الطعام والراحة
sala (f) de máquinas	qesm el ʾālāt (m)	قسم الآلات
puente (m) de mando	borg el qeyāda (m)	برج القيادة
sala (f) de radio	ɣorfet el lāselky (f)	غرفة اللاسلكي
onda (f)	mouga (f)	موجة
cuaderno (m) de bitácora	segel el safīna (m)	سجل السفينة
anteojo (m)	monzār (m)	منظار
campana (f)	garas (m)	جرس

bandera (f)	ʿalam (m)	علم
cabo (m) (maroma)	ḥabl (m)	حبل
nudo (m)	ʿoʾda (f)	عقدة
pasamano (m)	drabzīn saṭ-ḥ el safīna (m)	درابزين سطح السفينة
pasarela (f)	sellem (m)	سلّم
ancla (f)	marsāh (f)	مرساة
levar ancla	rafaʿ morsah	رفع مرساة
echar ancla	rasa	رسا
cadena (f) del ancla	selselet morsah (f)	سلسلة مرساة
puerto (m)	mināʾ (m)	ميناء
embarcadero (m)	marsa (m)	مرسى
amarrar (vt)	rasa	رسا
desamarrar (vt)	aqlaʿ	أقلع
viaje (m)	reḥla (f)	رحلة
crucero (m) (viaje)	reḥla baḥariya (f)	رحلة بحريّة
derrota (f) (rumbo)	masār (m)	مسار
itinerario (m)	ṭarīʾ (m)	طريق
canal (m) navegable	magra melāḥy (m)	مجرى ملاحيّ
bajío (m)	meyāh ḍaḥla (f)	مياه ضحلة
encallar (vi)	ganaḥ	جنح
tempestad (f)	ʿāṣefa (f)	عاصفة
señal (f)	eʃara (f)	إشارة
hundirse (vr)	ɣereʾ	غرق
¡Hombre al agua!	saʾaṭ rāgil min el sefīna!	سقط راجل من السفينة!
SOS	nedāʾ eɣāsa (m)	نداء إغاثة
aro (m) salvavidas	ṭoʾe nagah (m)	طوق نجاة

LA CIUDAD

27. El transporte urbano

autobús (m)	buṣ (m)	باص
tranvía (m)	trām (m)	ترام
trolebús (m)	trolly buṣ (m)	ترولي باص
itinerario (m)	χaṭṭ (m)	خطّ
número (m)	raqam (m)	رقم
ir en ...	rāḥ be ...	... راح بـ
tomar (~ el autobús)	rekeb	ركب
bajar (~ del tren)	nezel men	نزل من
parada (f)	maw'af (m)	موّقف
próxima parada (f)	el maḥaṭṭa el gaya (f)	المحطة الجايّة
parada (f) final	'āχer maw'af (m)	آخر موقف
horario (m)	gadwal (m)	جدوَل
esperar (aguardar)	estanna	إستنّى
billete (m)	tazkara (f)	تذكرة
precio (m) del billete	ogra (f)	أجرة
cajero (m)	kaʃier (m)	كاشيير
control (m) de billetes	taftīʃ el tazāker (m)	تفتيش التذاكر
revisor (m)	mofatteʃ tazāker (m)	مفتّش تذاكر
llegar tarde (vi)	met'akχer	متأخّر
perder (~ el tren)	ta'akχar	تأخّر
tener prisa	mesta'gel	مستعجل
taxi (m)	taksi (m)	تاكسي
taxista (m)	sawwā' taksi (m)	سوّاق تاكسي
en taxi	bel taksi	بالتاكسي
parada (f) de taxi	maw'ef taksi (m)	موّقف تاكسي
llamar un taxi	kallem taksi	كلّم تاكسي
tomar un taxi	aχad taksi	أخد تاكسي
tráfico (m)	ḥaraket el morūr (f)	حركة المرور
atasco (m)	zaḥmet el morūr (f)	زحمة المرور
horas (f pl) de punta	sā'et el zorwa (f)	ساعة الذروة
aparcar (vi)	rakan	ركن
aparcar (vt)	rakan	ركن
aparcamiento (m)	maw'ef el 'arabeyāt (m)	موقف العربيات
metro (m)	metro (m)	مترو
estación (f)	maḥaṭṭa (f)	محطّة
ir en el metro	aχad el metro	أخد المترو
tren (m)	qeṭār, 'aṭṭr (m)	قطار
estación (f)	maḥaṭṭet qeṭār (f)	محطّة قطار

28. La ciudad. La vida en la ciudad

ciudad (f)	madīna (f)	مدينة
capital (f)	'āṣema (f)	عاصمة
aldea (f)	qarya (f)	قرية
plano (m) de la ciudad	χarīṭet el madinah (f)	خريطة المدينة
centro (m) de la ciudad	wesṭ el balad (m)	وسط البلد
suburbio (m)	ḍāḥeya (f)	ضاحية
suburbano (adj)	el ḍawāḥy	الضواحي
arrabal (m)	aṭrāf el madīna (pl)	أطراف المدينة
afueras (f pl)	ḍawāḥy el madīna (pl)	ضواحي المدينة
barrio (m)	ḥayī (m)	حي
zona (f) de viviendas	ḥayī sakany (m)	حي سكني
tráfico (m)	ḥaraket el morūr (f)	حركة المرور
semáforo (m)	eʃārāt el morūr (pl)	إشارات المرور
transporte (m) urbano	wasā'el el na'l (pl)	وسائل النقل
cruce (m)	taqāṭo' (m)	تقاطع
paso (m) de peatones	ma'bar (m)	معبر
paso (m) subterráneo	nafa' moʃāh (m)	نفق مشاه
cruzar (vt)	'abar	عبر
peatón (m)	māʃy (m)	ماشي
acera (f)	raṣīf (m)	رصيف
puente (m)	kobry (m)	كبري
muelle (m)	korneyʃ (m)	كورنيش
fuente (f)	nafūra (f)	نافورة
alameda (f)	mamʃa (m)	ممشى
parque (m)	ḥadīqa (f)	حديقة
bulevar (m)	bolvār (m)	بولفار
plaza (f)	medān (m)	ميدان
avenida (f)	ʃāre' (m)	شارع
calle (f)	ʃāre' (m)	شارع
callejón (m)	zo'ā' (m)	زقاق
callejón (m) sin salida	ṭarī' masdūd (m)	طريق مسدود
casa (f)	beyt (m)	بيت
edificio (m)	mabna (m)	مبنى
rascacielos (m)	nāṭeḥet sahāb (f)	ناطحة سحاب
fachada (f)	waɣa (f)	واجهة
techo (m)	sa'f (m)	سقف
ventana (f)	ʃebbāk (m)	شبّاك
arco (m)	qose (m)	قوس
columna (f)	'amūd (m)	عمود
esquina (f)	zawya (f)	زاوية
escaparate (f)	vatrīna (f)	فترينة
letrero (m) (~ luminoso)	yafṭa, lāfeta (f)	لافتة, يافطة
cartel (m)	boster (m)	بوستر
cartel (m) publicitario	boster e'lān (m)	بوستر إعلان

valla (f) publicitaria	lawḥet e'lanāt (f)	لوحة إعلانات
basura (f)	zebāla (f)	زبالة
cajón (m) de basura	ṣandū' zebāla (m)	صندوق زبالة
tirar basura	rama zebāla	رمى زبالة
basurero (m)	mazbala (f)	مزبلة
cabina (f) telefónica	koʃk telefōn (m)	كشك تليفون
farola (f)	'amūd nūr (m)	عمود نور
banco (m) (del parque)	korsy (m)	كرسي
policía (m)	ʃorṭy (m)	شرطي
policía (f) (~ nacional)	ʃorṭa (f)	شرطة
mendigo (m)	ʃaḥḥāt (m)	شحّات
persona (f) sin hogar	motaʃarred (m)	متشرّد

29. Las instituciones urbanas

tienda (f)	maḥal (m)	محل
farmacia (f)	ṣaydaliya (f)	صيدليّة
óptica (f)	maḥal naḍḍārāt (m)	محل نضّارات
centro (m) comercial	mole (m)	مول
supermercado (m)	subermarket (m)	سوبرماركت
panadería (f)	maχbaz (m)	مخبز
panadero (m)	χabbāz (m)	خبّاز
pastelería (f)	ḥalawāny (m)	حلواني
tienda (f) de comestibles	ba''āla (f)	بقّالة
carnicería (f)	gezāra (f)	جزارة
verdulería (f)	dokkān χoḍār (m)	دكّان خضار
mercado (m)	sū' (f)	سوق
cafetería (f)	'ahwa (f), kaféih (m)	قهوة, كافيه
restaurante (m)	maṭ'am (m)	مطعم
cervecería (f)	bār (m)	بار
pizzería (f)	maḥal pizza (m)	محل بيتزا
peluquería (f)	ṣalone ḥelā'a (m)	صالون حلاقة
oficina (f) de correos	maktab el barīd (m)	مكتب البريد
tintorería (f)	dray klīn (m)	دراي كلين
estudio (m) fotográfico	estudio taṣwīr (m)	إستوديو تصوير
zapatería (f)	maḥal gezam (m)	محل جزم
librería (f)	maḥal kotob (m)	محل كتب
tienda (f) deportiva	maḥal mostalzamāt reyaḍiya (m)	محل مستلزمات رياضية
arreglos (m pl) de ropa	maḥal χeyāṭet malābes (m)	محل خياطة ملابس
alquiler (m) de ropa	ta'gīr malābes rasmiya (m)	تأجير ملابس رسمية
videoclub (m)	maḥal ta'gīr video (m)	محل تأجير فيديو
circo (m)	serk (m)	سيرك
zoológico (m)	ḥadīqet el ḥayawān (f)	حديقة حيوان
cine (m)	sinema (f)	سينما

museo (m)	mat-ḥaf (m)	متحف
biblioteca (f)	maktaba (f)	مكتبة
teatro (m)	masraḥ (m)	مسرح
ópera (f)	obra (f)	أوبرا
club (m) nocturno	malha leyly (m)	ملهى ليّلي
casino (m)	kazino (m)	كازينو
mezquita (f)	masged (m)	مسجد
sinagoga (f)	kenīs (m)	كنيس
catedral (f)	katedra'iya (f)	كاتدرائية
templo (m)	ma'bad (m)	معبد
iglesia (f)	kenīsa (f)	كنيسة
instituto (m)	kolliya (m)	كليّة
universidad (f)	gam'a (f)	جامعة
escuela (f)	madrasa (f)	مدرسة
prefectura (f)	moqaṭ'a (f)	مقاطعة
alcaldía (f)	baladiya (f)	بلديّة
hotel (m)	fondo' (m)	فندق
banco (m)	bank (m)	بنك
embajada (f)	safāra (f)	سفارة
agencia (f) de viajes	ʃerket seyāḥa (f)	شركة سياحة
oficina (f) de información	maktab el este'lāmāt (m)	مكتب الإستعلامات
oficina (f) de cambio	ṣarrāfa (f)	صرّافة
metro (m)	metro (m)	مترو
hospital (m)	mostaʃfa (m)	مستشفى
gasolinera (f)	maḥaṭṭet banzīn (f)	محطّة بنزين
aparcamiento (m)	maw'ef el 'arabeyāt (m)	موقف العربيات

30. Los avisos

letrero (m) (~ luminoso)	yafṭa, lāfeta (f)	لافتة, يافطة
cartel (m) (texto escrito)	bayān (m)	بيان
pancarta (f)	boster (m)	بوستر
señal (m) de dirección	'alāmet (f)	علامة إتجاه
flecha (f) (signo)	'alāmet eʃāra (f)	علامة إشارة
advertencia (f)	taḥzīr (m)	تحذير
aviso (m)	lāfetat taḥzīr (f)	لافتة تحذير
advertir (vt)	ḥazzar	حذّر
día (m) de descanso	yome 'oṭla (m)	يوم عطلة
horario (m)	gadwal (m)	جدوّل
horario (m) de apertura	aw'āt el 'amal (pl)	أوقات العمل
¡BIENVENIDOS!	ahlan w sahlan!	أهلاً وسهلا!
ENTRADA	doχūl	دخول
SALIDA	χorūg	خروج
EMPUJAR	edfa'	إدفع

TIRAR	es-ḥab	إسحب
ABIERTO	maftūḥ	مفتوح
CERRADO	moɣlaq	مغلق
MUJERES	lel sayedāt	للسيدات
HOMBRES	lel regāl	للرجال
REBAJAS	χoṣomāt	خصومات
SALDOS	taχfeḍāt	تخفيضات
NOVEDAD	gedīd!	جديد!
GRATIS	maggānan	مجّاناً
¡ATENCIÓN!	entebāh!	إنتباه!
COMPLETO	koll el amāken maḥgūza	كلّ الأماكن محجوزة
RESERVADO	maḥgūz	محجوز
ADMINISTRACIÓN	edāra	إدارة
SÓLO PERSONAL AUTORIZADO	lel ʿamelīn faqaṭ	للعاملين فقط
CUIDADO CON EL PERRO	eḥzar wogūd kalb	إحذر وجود الكلب
PROHIBIDO FUMAR	mamnūʿ el tadχīn	ممنوع التدخين
NO TOCAR	ʿadam el lams	عدم اللمس
PELIGROSO	χaṭīr	خطير
PELIGRO	χaṭar	خطر
ALTA TENSIÓN	tayār ʿāly	تيّار عالي
PROHIBIDO BAÑARSE	el sebāḥa mamnūʿa	السباحة ممنوعة
NO FUNCIONA	moʿaṭṭal	معطّل
INFLAMABLE	sareeʿ el eʃteʿāl	سريع الإشتعال
PROHIBIDO	mamnūʿ	ممنوع
PROHIBIDO EL PASO	mamnūʿ el morūr	ممنوع المرور
RECIÉN PINTADO	eḥzar ṭelāʾ ɣayr gāf	احذر طلاء غير جاف

31. Las compras

comprar (vt)	eʃtara	إشترى
compra (f)	ḥāga (f)	حاجة
hacer compras	eʃtara	إشترى
compras (f pl)	ʃobbing (m)	شوبينج
estar abierto (tienda)	maftūḥ	مفتوح
estar cerrado	moɣlaq	مغلق
calzado (m)	gezam (pl)	جزم
ropa (f)	malābes (pl)	ملابس
cosméticos (m pl)	mawād tagmīl (pl)	مواد تجميل
productos alimenticios	akl (m)	أكل
regalo (m)	hediya (f)	هديّة
vendedor (m)	bayāʿ (m)	بيّاع
vendedora (f)	bayāʿa (f)	بيّاعة
caja (f)	ṣandūʾ el dafʿ (m)	صندوق الدفع

espejo (m)	merāya (f)	مراية
mostrador (m)	manḍada (f)	منضدة
probador (m)	ɣorfet el 'eyās (f)	غرفة القياس
probar (un vestido)	garrab	جرّب
quedar (una ropa, etc.)	nāseb	ناسب
gustar (vi)	'agab	عجب
precio (m)	se'r (m)	سعر
etiqueta (f) de precio	tiket el se'r (m)	تيكت السعر
costar (vt)	kallef	كلّف
¿Cuánto?	bekām?	بكام؟
descuento (m)	χaṣm (m)	خصم
no costoso (adj)	meʃ ɣāly	مش غالي
barato (adj)	reχīṣ	رخيص
caro (adj)	ɣāly	غالي
Es caro	da ɣāly	ده غالي
alquiler (m)	este'gār (m)	إستئجار
alquilar (vt)	est'gar	إستأجر
crédito (m)	e'temān (m)	إئتمان
a crédito (adv)	bel ta'seeṭ	بالتقسيط

LA ROPA Y LOS ACCESORIOS

32. La ropa exterior. Los abrigos

ropa (f)	malābes (pl)	ملابس
ropa (f) de calle	malābes fo'aniya (pl)	ملابس فوقانيّة
ropa (f) de invierno	malābes ʃetwiya (pl)	ملابس شتويّة
abrigo (m)	balṭo (m)	بالطو
abrigo (m) de piel	balṭo farww (m)	بالطو فروّ
abrigo (m) corto de piel	ʒaket farww (m)	جاكيت فروّ
chaqueta (f) plumón	balṭo maḥʃy rīʃ (m)	بالطو محشي ريش
cazadora (f)	ʒæket (m)	جاكيت
impermeable (m)	ʒæket lel maṭar (m)	جاكيت للمطر
impermeable (adj)	wāqy men el maya	واقي من الميّة

33. Ropa de hombre y mujer

camisa (f)	'amīṣ (m)	قميص
pantalones (m pl)	banṭalone (f)	بنطلون
jeans, vaqueros (m pl)	ʒeans (m)	جينز
chaqueta (f), saco (m)	ʒæket (f)	جاكت
traje (m)	badla (f)	بدلة
vestido (m)	fostān (m)	فستان
falda (f)	ʒība (f)	جيبة
blusa (f)	bloza (f)	بلوزة
rebeca (f), chaqueta (f) de punto	kardigan (m)	كارديجن
chaqueta (f)	ʒæket (m)	جاكيت
camiseta (f) (T-shirt)	ti ʃirt (m)	تي شيرت
pantalones (m pl) cortos	ʃort (m)	شورت
traje (m) deportivo	treneng (m)	ترينج
bata (f) de baño	robe el ḥammām (m)	روب حمّام
pijama (m)	beʒāma (f)	بيجاما
suéter (m)	blover (f)	بلوفر
pulóver (m)	blover (m)	بلوفر
chaleco (m)	vest (m)	فيست
frac (m)	badlet sahra ṭawīla (f)	بدلة سهرة طويلة
esmoquin (m)	badla (f)	بدلة
uniforme (m)	zayī muwaḥḥad (m)	زيّ موحّد
ropa (f) de trabajo	lebs el ʃoɣl (m)	لبس الشغل
mono (m)	overall (m)	اوفر اول
bata (f) (p. ej. ~ blanca)	balṭo (m)	بالطو

34. La ropa. La ropa interior

ropa (f) interior	malābes dāχeliya (pl)	ملابس داخلية
bóxer (m)	sirwāl dāχly rigāly (m)	سروال داخلي رجاليّ
bragas (f pl)	sirwāl dāχly nisā'y (m)	سروال داخلي نسائي
camiseta (f) interior	fanella (f)	فانلّا
calcetines (m pl)	ʃarāb (m)	شراب
camisón (m)	'amīṣ nome (m)	قميص نوم
sostén (m)	setyāna (f)	ستيانة
calcetines (m pl) altos	ʃarabāt ṭawīla (pl)	شرابات طويلة
pantimedias (f pl)	klone (m)	كلون
medias (f pl)	gawāreb (pl)	جوارب
traje (m) de baño	mayo (m)	مايّوه

35. Gorras

gorro (m)	ṭa'iya (f)	طاقيّة
sombrero (m) de fieltro	borneyṭa (f)	برنيطة
gorra (f) de béisbol	base bāl kāb (m)	بيس بول كاب
gorra (f) plana	ṭa'iya mosaṭṭaḥa (f)	طاقيّة مسطحة
boina (f)	bereyh (m)	بيريه
capuchón (m)	ɣaṭa' (f)	غطاء
panamá (m)	qobba'et banama (f)	قبّعة بناما
gorro (m) de punto	ays kāb (m)	آيس كاب
pañuelo (m)	eʃarb (m)	إيشارب
sombrero (m) de mujer	borneyṭa (f)	برنيطة
casco (m) (~ protector)	χawza (f)	خوذة
gorro (m) de campaña	kāb (m)	كاب
casco (m) (~ de moto)	χawza (f)	خوذة
bombín (m)	qobba'a (f)	قبّعة
sombrero (m) de copa	qobba'a rasmiya (f)	قبّعة رسمية

36. El calzado

calzado (m)	gezam (pl)	جزم
botas (f pl)	gazma (f)	جزمة
zapatos (m pl) (~ de tacón bajo)	gazma (f)	جزمة
botas (f pl) altas	būt (m)	بوت
zapatillas (f pl)	ʃebʃeb (m)	شبشب
tenis (m pl)	kotʃy tennis (m)	كوتشي تنس
zapatillas (f pl) de lona	kotʃy (m)	كوتشي
sandalias (f pl)	ṣandal (pl)	صندل
zapatero (m)	eskāfy (m)	إسكافي
tacón (m)	ka'b (m)	كعب

par (m)	goze (m)	جوز
cordón (m)	ʃerīṭ (m)	شريط
encordonar (vt)	rabaṭ	ربط
calzador (m)	labbāsa el gazma (f)	لبّاسة الجزمة
betún (m)	warnīʃ el gazma (m)	ورنيش الجزمة

37. Accesorios personales

guantes (m pl)	gwanty (m)	جوانتي
manoplas (f pl)	gwanty men ɣeyr aṣābeʿ (m)	جوانتي من غير أصابع
bufanda (f)	skarf (m)	سكارف
gafas (f pl)	naḍḍāra (f)	نظّارة
montura (f)	eṭār (m)	إطار
paraguas (m)	ʃamsiya (f)	شمسيّة
bastón (m)	ʿaṣāya (f)	عصاية
cepillo (m) de pelo	forʃet ʃaʿr (f)	فرشة شعر
abanico (m)	marwaḥa (f)	مروّحة
corbata (f)	karavetta (f)	كرافتة
pajarita (f)	bebyona (m)	بيبيونة
tirantes (m pl)	ḥammala (f)	حمّالة
moquero (m)	mandīl (m)	منديل
peine (m)	meʃṭ (m)	مشط
pasador (m) de pelo	dabbūs (m)	دبّوس
horquilla (f)	bensa (m)	بنسة
hebilla (f)	bokla (f)	بكلة
cinturón (m)	ḥezām (m)	حزام
correa (f) (de bolso)	ḥammalet el ketf (f)	حمّالة الكتف
bolsa (f)	ʃanṭa (f)	شنطة
bolso (m)	ʃanṭet yad (f)	شنطة يد
mochila (f)	ʃanṭet ḍahr (f)	شنطة ظهر

38. La ropa. Miscelánea

moda (f)	mūḍa (f)	موضة
de moda (adj)	fel moḍa	في الموضة
diseñador (m) de moda	moṣammem azyāʾ (m)	مصمّم أزياء
cuello (m)	yāʾa (f)	ياقة
bolsillo (m)	geyb (m)	جيب
de bolsillo (adj)	geyb	جيب
manga (f)	komm (m)	كمّ
presilla (f)	ʿelāqa (f)	علّاقة
bragueta (f)	lesān (m)	لسان
cremallera (f)	sosta (f)	سوستة
cierre (m)	maʃbak (m)	مشبك
botón (m)	zerr (m)	زرّ

ojal (m)	ʿarwa (f)	عروة
saltar (un botón)	weʾeʿ	وقع
coser (vi, vt)	χayaṭ	خيّط
bordar (vt)	ṭarraz	طرّز
bordado (m)	taṭrīz (m)	تطريز
aguja (f)	ebra (f)	إبرة
hilo (m)	χeyṭ (m)	خيط
costura (f)	derz (m)	درز
ensuciarse (vr)	ettwassaχ	إتّوسّخ
mancha (f)	boʾʿa (f)	بقعة
arrugarse (vr)	takarmaʃ	تكرمش
rasgar (vt)	ʾaṭaʿ	قطع
polilla (f)	ʿetta (f)	عتّة

39. Productos personales. Cosméticos

pasta (f) de dientes	maʿgūn asnān (m)	معجون أسنان
cepillo (m) de dientes	forʃet senān (f)	فرشة أسنان
limpiarse los dientes	naḍḍaf el asnān	نظّف الأسنان
maquinilla (f) de afeitar	mūs (m)	موس
crema (f) de afeitar	krīm ḥelāʾa (m)	كريم حلاقة
afeitarse (vr)	ḥalaʾ	حلق
jabón (m)	ṣabūn (m)	صابون
champú (m)	ʃambū (m)	شامبو
tijeras (f pl)	maʾaṣ (m)	مقص
lima (f) de uñas	mabrad (m)	مبرد
cortaúñas (m pl)	melʾaṭ (m)	ملقط
pinzas (f pl)	melʾaṭ (m)	ملقط
cosméticos (m pl)	mawād tagmīl (pl)	مواد تجميل
mascarilla (f)	mask (m)	ماسك
manicura (f)	monekīr (m)	مونيكير
hacer la manicura	ʿamal monikīr	عمل مونيكير
pedicura (f)	badikīr (m)	باديكير
bolsa (f) de maquillaje	ʃanṭet mekyāʒ (f)	شنطة مكياج
polvos (m pl)	bodret weʃ (f)	بودرة وش
polvera (f)	ʿelbet bodra (f)	علبة بودرة
colorete (m), rubor (m)	aḥmar χodūd (m)	أحمر خدود
perfume (m)	barfān (m)	بارفان
agua (f) de tocador	kolonya (f)	كولونيا
loción (f)	loʃion (m)	لوشن
agua (f) de Colonia	kolonya (f)	كولونيا
sombra (f) de ojos	eyeʃadow (m)	ايّ شادو
lápiz (m) de ojos	koḥl (m)	كحل
rímel (m)	maskara (f)	ماسكارا
pintalabios (m)	rūʒ (m)	روج

esmalte (m) de uñas	monekīr (m)	مونيكير
fijador (m) para el pelo	mosabbet el ʃaʿr (m)	مثبّت الشعر
desodorante (m)	mozīl ʿaraʾ (m)	مزيل عرق
crema (f)	krīm (m)	كريم
crema (f) de belleza	krīm lel weʃ (m)	كريم للوش
crema (f) de manos	krīm eyd (m)	كريم أيد
crema (f) antiarrugas	krīm moḍād lel tagaʿīd (m)	كريم مضاد للتجاعيد
crema (f) de día	krīm en nahār (m)	كريم النهار
crema (f) de noche	krīm el leyl (m)	كريم الليل
de día (adj)	nahāry	نهاري
de noche (adj)	layly	ليّلي
tampón (m)	tambon (m)	تانبون
papel (m) higiénico	waraʾ twalet (m)	ورق تواليت
secador (m) de pelo	seʃwār (m)	سشوار

40. Los relojes

reloj (m)	sāʿa (f)	ساعة
esfera (f)	wag-h el sāʿa (m)	وجه الساعة
aguja (f)	ʿaʾrab el sāʿa (m)	عقرب الساعة
pulsera (f)	ʃerīṭ sāʿa maʿdaniya (m)	شريط ساعة معدنية
correa (f) (del reloj)	ʃerīṭ el sāʿa (m)	شريط الساعة
pila (f)	baṭṭariya (f)	بطّاريّة
descargarse (vr)	χelṣet	خلصت
cambiar la pila	ɣayar el baṭṭariya	غيّر البطّاريّة
adelantarse (vr)	sabaʾ	سبق
retrasarse (vr)	taʾakχar	تأخّر
reloj (m) de pared	sāʿet ḥeyṭa (f)	ساعة حيطة
reloj (m) de arena	sāʿa ramliya (f)	ساعة رمليّة
reloj (m) de sol	sāʿa ʃamsiya (f)	ساعة شمسيّة
despertador (m)	monabbeh (m)	منبّه
relojero (m)	saʿāty (m)	ساعاتي
reparar (vt)	ṣallaḥ	صلّح

LA EXPERIENCIA DIARIA

41. El dinero

dinero (m)	folūs (pl)	فلوس
cambio (m)	taḥwīl ʿomla (m)	تحويل عملة
curso (m)	seʿr el ṣarf (m)	سعر الصرف
cajero (m) automático	makinet ṣarrāf ʾāly (f)	ماكينة صرّاف آلي
moneda (f)	ʾerʃ (m)	قرش
dólar (m)	dolār (m)	دولار
euro (m)	yoro (m)	يورو
lira (f)	lira (f)	ليرة
marco (m) alemán	el mark el almāny (m)	المارك الألماني
franco (m)	frank (m)	فرنك
libra esterlina (f)	geneyh esterlīny (m)	جنيه استرليني
yen (m)	yen (m)	ين
deuda (f)	deyn (m)	دين
deudor (m)	modīn (m)	مدين
prestar (vt)	sallef	سلّف
tomar prestado	estalaf	إستلف
banco (m)	bank (m)	بنك
cuenta (f)	ḥesāb (m)	حساب
ingresar (~ en la cuenta)	awdaʿ	أودع
ingresar en la cuenta	awdaʿ fel ḥesāb	أودع في الحساب
sacar de la cuenta	saḥab men el ḥesāb	سحب من الحساب
tarjeta (f) de crédito	kredit kard (f)	كريدت كارد
dinero (m) en efectivo	kæʃ (m)	كاش
cheque (m)	ʃīk (m)	شيك
sacar un cheque	katab ʃīk	كتب شيك
talonario (m)	daftar ʃikāt (m)	دفتر شيكات
cartera (f)	maḥfaẓa (f)	محفظة
monedero (m)	maḥfazet fakka (f)	محفظة فكّة
caja (f) fuerte	χazzāna (f)	خزّانة
heredero (m)	wāres (m)	وارث
herencia (f)	werāsa (f)	وراثة
fortuna (f)	sarwa (f)	ثروّة
arriendo (m)	ʿaʾd el egār (m)	عقد الإيجار
alquiler (m) (dinero)	ogret el sakan (f)	أجرة السكن
alquilar (~ una casa)	estʾgar	إستأجر
precio (m)	seʿr (m)	سعر
coste (m)	taman (m)	ثمن

suma (f)	mablaɣ (m)	مبلغ
gastar (vt)	ṣaraf	صرف
gastos (m pl)	maṣarīf (pl)	مصاريف
economizar (vi, vt)	waffar	وفّر
económico (adj)	mowaffer	موّفر
pagar (vi, vt)	dafaʿ	دفع
pago (m)	dafʿ (m)	دفع
cambio (m) (devolver el ~)	el bāʾy (m)	الباقي
impuesto (m)	ḍarība (f)	ضريبة
multa (f)	ɣarāma (f)	غرامة
multar (vt)	faraḍ ɣarāma	فرض غرامة

42. La oficina de correos

oficina (f) de correos	maktab el barīd (m)	مكتب البريد
correo (m) (cartas, etc.)	el barīd (m)	البريد
cartero (m)	sāʿy el barīd (m)	ساعي البريد
horario (m) de apertura	awʾāt el ʿamal (pl)	أوقات العمل
carta (f)	resāla (f)	رسالة
carta (f) certificada	resāla mosaggala (f)	رسالة مسجّلة
tarjeta (f) postal	kart barīdy (m)	كرت بريدي
telegrama (m)	barqiya (f)	برقيّة
paquete (m) postal	ṭard (m)	طرد
giro (m) postal	ḥewāla māliya (f)	حوالة مالية
recibir (vt)	estalam	إستلم
enviar (vt)	arsal	أرسل
envío (m)	ersāl (m)	إرسال
dirección (f)	ʿenwān (m)	عنوان
código (m) postal	raqam el barīd (m)	رقم البريد
expedidor (m)	morsel (m)	مرسل
destinatario (m)	morsel elayh (m)	مرسل إليه
nombre (m)	esm (m)	اسم
apellido (m)	esm el ʿaʾela (m)	اسم العائلة
tarifa (f)	taʿrīfa (f)	تعريفة
ordinario (adj)	ʿādy	عادي
económico (adj)	mowaffer	موّفر
peso (m)	wazn (m)	وزن
pesar (~ una carta)	wazan	وزن
sobre (m)	ẓarf (m)	ظرف
sello (m)	ṭābeʿ (m)	طابع
poner un sello	alṣaq ṭābeʿ	ألصق طابع

43. La banca

banco (m)	bank (m)	بنك
sucursal (f)	farʿ (m)	فرع

consultor (m)	mowazzaf bank (m)	موظّف بنك
gerente (m)	modīr (m)	مدير
cuenta (f)	ḥesāb bank (m)	حساب بنك
numero (m) de la cuenta	raqam el ḥesāb (m)	رقم الحساب
cuenta (f) corriente	ḥesāb gāry (m)	حساب جاري
cuenta (f) de ahorros	ḥesāb tawfīr (m)	حساب توّفير
abrir una cuenta	fataḥ ḥesāb	فتح حساب
cerrar la cuenta	ʾafal ḥesāb	قفل حساب
ingresar en la cuenta	awdaʿ fel ḥesāb	أودع في الحساب
sacar de la cuenta	saḥab men el ḥesāb	سحب من الحساب
depósito (m)	wadeeʿa (f)	وديعة
hacer un depósito	awdaʿ	أودع
giro (m) bancario	ḥewāla maṣrefiya (f)	حوالة مصرفيّة
hacer un giro	ḥawwel	حوّل
suma (f)	mablaɣ (m)	مبلغ
¿Cuánto?	kām?	كام؟
firma (f) (nombre)	tawqeeʿ (m)	توقيع
firmar (vt)	waqqaʿ	وقّع
tarjeta (f) de crédito	kredit kard (f)	كريدت كارد
código (m)	kōd (m)	كود
número (m) de tarjeta de crédito	raqam el kredit kard (m)	رقم الكريدت كارد
cajero (m) automático	makinet ṣarrāf ʾāly (f)	ماكينة صرّاف آلي
cheque (m)	ʃīk (m)	شيك
sacar un cheque	katab ʃīk	كتب شيك
talonario (m)	daftar ʃikāt (m)	دفتر شيكات
crédito (m)	qarḍ (m)	قرض
pedir el crédito	ʾaddem ṭalab ʿala qarḍ	قدّم طلب على قرض
obtener un crédito	ḥaṣal ʿala qarḍ	حصل على قرض
conceder un crédito	edda qarḍ	ادّى قرض
garantía (f)	ḍamān (m)	ضمان

44. El teléfono. Las conversaciones telefónicas

teléfono (m)	telefon (m)	تليفون
teléfono (m) móvil	mobile (m)	موبايل
contestador (m)	gehāz radd ʿalal mokalmāt (m)	جهاز ردّ على المكالمات
llamar, telefonear	ettaṣal	إتّصل
llamada (f)	mokalma telefoniya (f)	مكالمة تليفونية
marcar un número	ettaṣal be raqam	إتّصل برقم
¿Sí?, ¿Dígame?	alo!	ألو!
preguntar (vt)	saʾal	سأل
responder (vi, vt)	radd	ردّ
oír (vt)	semeʿ	سمع

bien (adv)	kewayes	كويّس
mal (adv)	meʃ kowayīs	مش كويّس
ruidos (m pl)	taʃwīʃ (m)	تشويش
auricular (m)	sammā'a (f)	سمّاعة
descolgar (el teléfono)	rafa' el sammā'a	رفع السمّاعة
colgar el auricular	'afal el sammā'a	قفل السمّاعة
ocupado (adj)	maʃɣūl	مشغول
sonar (teléfono)	rann	رن
guía (f) de teléfonos	dalīl el telefone (m)	دليل التليفون
local (adj)	maḥalliya	ة محلّيّة
llamada (f) local	mokalma maḥalliya (f)	مكالمة محلّيّة
de larga distancia	bi'īd	بعيد
llamada (f) de larga distancia	mokalma bi'īda (f)	مكالمة بعيدة المدى
internacional (adj)	dowly	دوّلي
llamada (f) internacional	mokalma dowliya (f)	مكالمة دوليّة

45. El teléfono celular

teléfono (m) móvil	mobile (m)	موبايل
pantalla (f)	'arḍ (m)	عرض
botón (m)	zerr (m)	زر
tarjeta SIM (f)	sim kard (m)	سيم كارد
pila (f)	baṭṭariya (f)	بطّاريّة
descargarse (vr)	χelṣet	خلصت
cargador (m)	ʃāḥen (m)	شاحن
menú (m)	qā'ema (f)	قائمة
preferencias (f pl)	awḍā' (pl)	أوضاع
melodía (f)	naɣama (f)	نغمة
seleccionar (vt)	eχtār	إختار
calculadora (f)	'āla ḥasba (f)	آلة حاسبة
contestador (m)	barīd ṣawty (m)	بريد صوتي
despertador (m)	monabbeh (m)	منبّه
contactos (m pl)	gehāt el etteṣāl (pl)	جهات الإتّصال
mensaje (m) de texto	resāla 'aṣīra ɛsɛmɛs (f)	رسالة قصيرة sms
abonado (m)	moʃtarek (m)	مشترك

46. Los artículos de escritorio. La papelería

bolígrafo (m)	'alam gāf (m)	قلم جاف
pluma (f) estilográfica	'alam rīʃa (m)	قلم ريشة
lápiz (m)	'alam roṣāṣ (m)	قلم رصاص
marcador (m)	markar (m)	ماركر
rotulador (m)	'alam fulumaster (m)	قلم فلوماستر
bloc (m) de notas	mozakkera (f)	مذكّرة

agenda (f)	gadwal el a'māl (m)	جدول الأعمال
regla (f)	masṭara (f)	مسطرة
calculadora (f)	'āla ḥasba (f)	آلة حاسبة
goma (f) de borrar	astīka (f)	استيكة
chincheta (f)	dabbūs (m)	دبّوس
clip (m)	dabbūs wara' (m)	دبّوس ورق
cola (f), pegamento (m)	ṣamɣ (m)	صمغ
grapadora (f)	dabbāsa (f)	دبّاسة
perforador (m)	χarrāma (m)	خرّامة
sacapuntas (m)	barrāya (f)	برّاية

47. Los idiomas extranjeros

lengua (f)	loɣa (f)	لغة
extranjero (adj)	agnaby	أجنبيّ
lengua (f) extranjera	loɣa agnabiya (f)	لغة أجنبية
estudiar (vt)	daras	درس
aprender (ingles, etc.)	ta'allam	تعلّم
leer (vi, vt)	'ara	قرأ
hablar (vi, vt)	kallem	كلّم
comprender (vt)	fehem	فهم
escribir (vt)	katab	كتب
rápidamente (adv)	bosor'a	بسرعة
lentamente (adv)	bo boṭ'	ببطء
con fluidez (adv)	beṭalāqa	بطلاقة
reglas (f pl)	qawā'ed (pl)	قواعد
gramática (f)	el naḥw wel ṣarf (m)	النحو والصرف
vocabulario (m)	mofradāt el loɣa (pl)	مفردات اللغة
fonética (f)	ṣawtīāt (pl)	صوتيات
manual (m)	ketāb ta'līm (m)	كتاب تعليم
diccionario (m)	qamūs (m)	قاموس
manual (m) autodidáctico	ketāb ta'līm zāty (m)	كتاب تعليم ذاتي
guía (f) de conversación	ketāb lel 'ebarāt el ʃā'e'a (m)	كتاب للعبارات الشائعة
casete (m)	kasett (m)	كاسيت
videocasete (f)	ʃerī'ṭ video (m)	شريط فيديو
disco compacto, CD (m)	sidī (m)	سي دي
DVD (m)	dividī (m)	دي في دي
alfabeto (m)	abgadiya (f)	أبجدية
deletrear (vt)	tahagga	تهجّى
pronunciación (f)	noṭ' (m)	نطق
acento (m)	lahga (f)	لهجة
con acento	be lahga	بـ لهجة
sin acento	men ɣeyr lahga	من غير لهجة
palabra (f)	kelma (f)	كلمة
significado (m)	ma'na (m)	معنى

cursos (m pl)	dawra (f)	دورة
inscribirse (vr)	saggel esmo	سجّل إسمه
profesor (m) (~ de inglés)	modarres (m)	مدرّس
traducción (f) (proceso)	targama (f)	ترجمة
traducción (f) (texto)	targama (f)	ترجمة
traductor (m)	motargem (m)	مترجم
intérprete (m)	motargem fawwry (m)	مترجم فوّري
políglota (m)	ʻalīm beʻeddet loɣāt (m)	عليم بعدّة لغات
memoria (f)	zākera (f)	ذاكرة

LAS COMIDAS. EL RESTAURANTE

48. Los cubiertos

cuchara (f)	maʿlaʾa (f)	معلقة
cuchillo (m)	sekkīna (f)	سكّينة
tenedor (m)	ʃawka (f)	شوكة
taza (f)	fengān (m)	فنجان
plato (m)	ṭabaʾ (m)	طبق
platillo (m)	ṭabaʾ fengān (m)	طبق فنجان
servilleta (f)	mandīl waraʾ (m)	منديل ورق
mondadientes (m)	χallet senān (f)	خلة سنان

49. El restaurante

restaurante (m)	maṭʿam (m)	مطعم
cafetería (f)	ʾahwa (f), kaféih (m)	قهوة, كافيه
bar (m)	bār (m)	بار
salón (m) de té	ṣalone ʃāy (m)	صالون شاي
camarero (m)	garsone (m)	جرسون
camarera (f)	garsona (f)	جرسونة
barman (m)	bārman (m)	بارمان
carta (f), menú (m)	qāʾemet el ṭaʿām (f)	قائمة طعام
carta (f) de vinos	qāʾemet el χomūr (f)	قائمة خمور
reservar una mesa	ḥagaz sofra	حجز سفرة
plato (m)	wagba (f)	وجبة
pedir (vt)	ṭalab	طلب
hacer un pedido	ṭalab	طلب
aperitivo (m)	ʃarāb (m)	شراب
entremés (m)	moqabbelāt (pl)	مقبّلات
postre (m)	ḥalawīāt (pl)	حلويّات
cuenta (f)	ḥesāb (m)	حساب
pagar la cuenta	dafaʿ el ḥesāb	دفع الحساب
dar la vuelta	edda el bāʾy	ادّي الباقي
propina (f)	baʾʃīʃ (m)	بقشيش

50. Las comidas

comida (f)	akl (m)	أكل
comer (vi, vt)	akal	أكل

desayuno (m)	foṭūr (m)	فطور
desayunar (vi)	feṭer	فطر
almuerzo (m)	ɣadaʾ (m)	غداء
almorzar (vi)	etɣadda	إتغدّى
cena (f)	ʿaʃāʾ (m)	عشاء
cenar (vi)	etʿasʃa	إتعشّى
apetito (m)	ʃahiya (f)	شهيّة
¡Que aproveche!	bel hana wel ʃefa!	!بالهنا والشفا
abrir (vt)	fataḥ	فتح
derramar (líquido)	dalaʾ	دلق
derramarse (líquido)	dalaʾ	دلق
hervir (vi)	ɣely	غلى
hervir (vt)	ɣely	غلى
hervido (agua ~a)	maɣly	مغلي
enfriar (vt)	barrad	برّد
enfriarse (vr)	barrad	برّد
sabor (m)	ṭaʿm (m)	طعم
regusto (m)	ṭaʿm ma baʿd el mazāq (m)	طعم ما بعد المذاق
adelgazar (vi)	χass	خسّ
dieta (f)	reʒīm (m)	رجيم
vitamina (f)	vitamīn (m)	فيتامين
caloría (f)	soʿra ḥarāriya (f)	سعرة حراريّة
vegetariano (m)	nabāty (m)	نباتي
vegetariano (adj)	nabāty	نباتي
grasas (f pl)	dohūn (pl)	دهون
proteínas (f pl)	brotenāt (pl)	بروتينات
carbohidratos (m pl)	naʃawīāt (pl)	نشويّات
loncha (f)	ʃarīḥa (f)	شريحة
pedazo (m)	ʾeṭʿa (f)	قطعة
miga (f)	fattāta (f)	فتاتة

51. Los platos

plato (m)	wagba (f)	وجبة
cocina (f)	maṭbaχ (m)	مطبخ
receta (f)	waṣfa (f)	وصفة
porción (f)	naṣīb (m)	نصيب
ensalada (f)	solṭa (f)	سلطة
sopa (f)	ʃorba (f)	شوربة
caldo (m)	maraʾa (m)	مرقة
bocadillo (m)	sandawitʃ (m)	ساندويتش
huevos (m pl) fritos	beyḍ maʾly (m)	بيض مقلي
hamburguesa (f)	hamburger (m)	هامبورجر
bistec (m)	steak laḥm (m)	ستيك لحم
guarnición (f)	ṭabaʾ gāneby (m)	طبق جانبي

espagueti (m)	spaɣetti (m)	سباجيتي
puré (m) de patatas	baṭāṭes mahrūsa (f)	بطاطس مهروسة
pizza (f)	bītza (f)	بيتزا
gachas (f pl)	ʿaṣīda (f)	عصيدة
tortilla (f) francesa	omlette (m)	اومليت

cocido en agua (adj)	maslūʾ	مسلوق
ahumado (adj)	modakχen	مدخّن
frito (adj)	maʾly	مقلي
seco (adj)	mogaffaf	مجفّف
congelado (adj)	mogammad	مجمّد
marinado (adj)	meχallel	مخلّل

azucarado, dulce (adj)	mesakkar	مسكّر
salado (adj)	māleḥ	مالح
frío (adj)	bāred	بارد
caliente (adj)	soχn	سخن
amargo (adj)	morr	مرّ
sabroso (adj)	ḥelw	حلو

cocer en agua	salaʾ	سلق
preparar (la cena)	ḥaḍḍar	حضّر
freír (vt)	ʾala	قلي
calentar (vt)	sakχan	سخّن

salar (vt)	rasʃ malḥ	رشّ ملح
poner pimienta	rasʃ felfel	رشّ فلفل
rallar (vt)	baraʃ	برش
piel (f)	ʾeʃra (f)	قشرة
pelar (vt)	ʾasʃar	قشّر

52. La comida

carne (f)	laḥma (f)	لحمة
gallina (f)	ferāχ (m)	فراخ
pollo (m)	farrūg (m)	فرّوج
pato (m)	baṭṭa (f)	بطّة
ganso (m)	wezza (f)	وزّة
caza (f) menor	ṣeyd (m)	صيد
pava (f)	dīk rūmy (m)	ديك رومي

carne (f) de cerdo	laḥm el χanazīr (m)	لحم الخنزير
carne (f) de ternera	laḥm el ʿegl (m)	لحم العجل
carne (f) de carnero	laḥm ḍāny (m)	لحم ضاني
carne (f) de vaca	laḥm baqary (m)	لحم بقري
conejo (m)	laḥm arāneb (m)	لحم أرانب

salchichón (m)	sogoʾʾ (m)	سجق
salchicha (f)	sogoʾʾ (m)	سجق
beicon (m)	bakon (m)	بيكون
jamón (m)	hām(m)	هام
jamón (m) fresco	faχd χanzīr (m)	فخد خنزير
paté (m)	maʿgūn laḥm (m)	معجون لحم
hígado (m)	kebda (f)	كبدة

carne (f) picada	hamburger (m)	هامبورجر
lengua (f)	lesān (m)	لسان
huevo (m)	beyḍa (f)	بيضة
huevos (m pl)	beyḍ (m)	بيض
clara (f)	bayāḍ el beyḍ (m)	بياض البيض
yema (f)	ṣafār el beyḍ (m)	صفار البيض
pescado (m)	samak (m)	سمك
mariscos (m pl)	sīfūd (pl)	سي فود
caviar (m)	kaviar (m)	كافيار
cangrejo (m) de mar	kaboria (m)	كابوريا
camarón (m)	gammbary (m)	جمّبري
ostra (f)	maḥār (m)	محار
langosta (f)	estakoza (m)	استاكوزا
pulpo (m)	aχṭabūṭ (m)	أخطبوط
calamar (m)	kalmāry (m)	كالماري
esturión (m)	samak el ḥafʃ (m)	سمك الحفش
salmón (m)	salamon (m)	سلمون
fletán (m)	samak el halbūt (m)	سمك الهلبوت
bacalao (m)	samak el qadd (m)	سمك القد
caballa (f)	makerel (m)	ماكريل
atún (m)	tuna (f)	تونة
anguila (f)	ḥankalīs (m)	حنكليس
trucha (f)	salamon mera"aṭ (m)	سلمون مرقّط
sardina (f)	sardīn (m)	سردين
lucio (m)	samak el karāky (m)	سمك الكراكي
arenque (m)	renga (f)	رنجة
pan (m)	ʿeyʃ (m)	عيش
queso (m)	gebna (f)	جبنة
azúcar (m)	sokkar (m)	سكّر
sal (f)	melḥ (m)	ملح
arroz (m)	rozz (m)	رزّ
macarrones (m pl)	makaruna (f)	مكرونة
tallarines (m pl)	nūdles (f)	نودلز
mantequilla (f)	zebda (f)	زبّدة
aceite (m) vegetal	zeyt (m)	زيت
aceite (m) de girasol	zeyt ʿabbād el ʃams (m)	زيت عبّاد الشمس
margarina (f)	margarīn (m)	مارجرين
olivas, aceitunas (f pl)	zaytūn (m)	زيتون
aceite (m) de oliva	zeyt el zaytūn (m)	زيت الزيتون
leche (f)	laban (m)	لبن
leche (f) condensada	ḥalīb mokassaf (m)	حليب مكثّف
yogur (m)	zabādy (m)	زبادي
nata (f) agria	kreyma ḥamḍa (f)	كريمة حامضة
nata (f) líquida	krīma (f)	كريمة
mayonesa (f)	mayonnɛ:z (m)	مايونيز

crema (f) de mantequilla	krīmet zebda (f)	كريمة زبدة
cereales (m pl) integrales	ḥobūb 'amḥ (pl)	حبوب قمح
harina (f)	de'ī' (m)	دقيق
conservas (f pl)	mo'allabāt (pl)	معلّبات
copos (m pl) de maíz	korn fleks (m)	كورن فليكس
miel (f)	'asal (m)	عسل
confitura (f)	mrabba (m)	مربى
chicle (m)	lebān (m)	لبان

53. Las bebidas

agua (f)	meyāh (f)	مياه
agua (f) potable	mayet ʃorb (m)	ميّة شرب
agua (f) mineral	maya ma'daniya (f)	ميّة معدنية
sin gas	rakeda	راكدة
gaseoso (adj)	kanz	كانز
con gas	kanz	كانز
hielo (m)	talg (m)	ثلج
con hielo	bel talg	بالتلج
sin alcohol	men ɣeyr koḥūl	من غير كحول
bebida (f) sin alcohol	maʃrūb ɣāzy (m)	مشروب غازي
refresco (m)	ḥāga sa''a (f)	حاجة ساقعة
limonada (f)	limonāta (f)	ليموناتة
bebidas (f pl) alcohólicas	maʃrūbāt koḥūliya (pl)	مشروبات كحولية
vino (m)	χamra (f)	خمرة
vino (m) blanco	nebīz abyaḍ (m)	نبيذ أبيض
vino (m) tinto	nebī aḥmar (m)	نبيذ أحمر
licor (m)	liqure (m)	ليكيور
champaña (f)	ʃambania (f)	شمبانيا
vermú (m)	vermote (m)	فيرموت
whisky (m)	wiski (m)	ويسكي
vodka (m)	vodka (f)	فودكا
ginebra (f)	ʒin (m)	جين
coñac (m)	konyāk (m)	كونياك
ron (m)	rum (m)	رم
café (m)	'ahwa (f)	قهوة
café (m) solo	'ahwa sāda (f)	قهوة سادة
café (m) con leche	'ahwa bel ḥalīb (f)	قهوة بالحليب
capuchino (m)	kaputʃino (m)	كابتشينو
café (m) soluble	neskafe (m)	نيسكافيه
leche (f)	laban (m)	لبن
cóctel (m)	koktayl (m)	كوكتيل
batido (m)	milk ʃejk (m)	ميلك شيك
zumo (m), jugo (m)	'aṣīr (m)	عصير
jugo (m) de tomate	'aṣīr ṭamāṭem (m)	عصير طماطم

zumo (m) de naranja	ʿaṣīr bortoqāl (m)	عصير برتقال
zumo (m) fresco	ʿaṣīr freʃ (m)	عصير فريش
cerveza (f)	bīra (f)	بيرة
cerveza (f) rubia	bīra χafīfa (f)	بيرة خفيفة
cerveza (f) negra	bīra ɣamʾa (f)	بيرة غامقة
té (m)	ʃāy (m)	شاي
té (m) negro	ʃāy aḥmar (m)	شاي أحمر
té (m) verde	ʃāy aχḍar (m)	شاي أخضر

54. Las verduras

legumbres (f pl)	χoḍār (pl)	خضار
verduras (f pl)	χoḍrawāt waraqiya (pl)	خضروات ورقية
tomate (m)	ṭamāṭem (f)	طماطم
pepino (m)	χeyār (m)	خيار
zanahoria (f)	gazar (m)	جزر
patata (f)	baṭāṭes (f)	بطاطس
cebolla (f)	baṣal (m)	بصل
ajo (m)	tūm (m)	ثوم
col (f)	koronb (m)	كرنب
coliflor (f)	ʾarnabīṭ (m)	قرنبيط
col (f) de Bruselas	koronb broksel (m)	كرنب بروكسل
brócoli (m)	brokkoli (m)	بركولي
remolacha (f)	bangar (m)	بنجر
berenjena (f)	bātengān (m)	باذنجان
calabacín (m)	kōsa (f)	كوسة
calabaza (f)	qarʿ ʿasaly (m)	قرع عسلي
nabo (m)	left (m)	لفت
perejil (m)	baʾdūnes (m)	بقدونس
eneldo (m)	ʃabat (m)	شبت
lechuga (f)	χass (m)	خسّ
apio (m)	karfas (m)	كرفس
espárrago (m)	helione (m)	هليون
espinaca (f)	sabāneχ (m)	سبانخ
guisante (m)	besella (f)	بسلّة
habas (f pl)	fūl (m)	فول
maíz (m)	dora (f)	ذرة
fréjol (m)	faṣolya (f)	فاصوليا
pimiento (m) dulce	felfel (m)	فلفل
rábano (m)	fegl (m)	فجل
alcachofa (f)	χarʃūf (m)	خرشوف

55. Las frutas. Las nueces

fruto (m)	faχa (f)	فاكهة
manzana (f)	toffāḥa (f)	تفّاحة

pera (f)	komettra (f)	كمّثرى
limón (m)	lymūn (m)	ليمون
naranja (f)	bortoqāl (m)	برتقال
fresa (f)	farawla (f)	فراولة
mandarina (f)	yosfy (m)	يوسفي
ciruela (f)	bar'ū' (m)	برقوق
melocotón (m)	χawχa (f)	خوخة
albaricoque (m)	meʃmeʃ (f)	مشمش
frambuesa (f)	tūt el 'alī' el aḥmar (m)	توت العليق الأحمر
piña (f)	ananās (m)	أناناس
banana (f)	moze (m)	موز
sandía (f)	baṭṭīχ (m)	بطّيخ
uva (f)	'enab (m)	عنب
guinda (f), cereza (f)	karaz (m)	كرز
melón (m)	ʃammām (f)	شمّام
pomelo (m)	grabe frūt (m)	جريب فروت
aguacate (m)	avokado (f)	افوكاتو
papaya (f)	babāya (m)	ببايا
mango (m)	manga (m)	مانجة
granada (f)	rommān (m)	رمان
grosella (f) roja	keʃmeʃ aḥmar (m)	كشمش أحمر
grosella (f) negra	keʃmeʃ aswad (m)	كشمش أسود
grosella (f) espinosa	'enab el sa'lab (m)	عنب الثعلب
arándano (m)	'enab al aḥrāg (m)	عنب الأحراج
zarzamoras (f pl)	tūt aswad (m)	توت أسود
pasas (f pl)	zebīb (m)	زبيب
higo (m)	tīn (m)	تين
dátil (m)	tamr (m)	تمر
cacahuete (m)	fūl sudāny (m)	فول سوداني
almendra (f)	loze (m)	لوز
nuez (f)	'eyn gamal (f)	عين الجمل
avellana (f)	bondo' (m)	بندق
nuez (f) de coco	goze el hend (m)	جوز هند
pistachos (m pl)	fosto' (m)	فستق

56. El pan. Los dulces

pasteles (m pl)	ḥalawīāt (pl)	حلويّات
pan (m)	'eyʃ (m)	عيش
galletas (f pl)	baskawīt (m)	بسكويت
chocolate (m)	ʃokolāta (f)	شكولاتة
de chocolate (adj)	bel ʃokolāṭa	بالشكولاتة
caramelo (m)	bonbony (m)	بونبوني
tarta (f) (pequeña)	keyka (f)	كيكة
tarta (f) (~ de cumpleaños)	torta (f)	تورتة
tarta (f) (~ de manzana)	feṭīra (f)	فطيرة
relleno (m)	ḥaʃwa (f)	حشوة

confitura (f)	mrabba (m)	مربّى
mermelada (f)	marmalād (f)	مرملاد
gofre (m)	waffles (pl)	وافلز
helado (m)	'ays krīm (m)	آيس كريم
pudin (m)	būding (m)	بودنج

57. Las especias

sal (f)	melḥ (m)	ملح
salado (adj)	māleḥ	مالح
salar (vt)	rasʃ malḥ	رشّ ملح
pimienta (f) negra	felfel aswad (m)	فلفل أسوّد
pimienta (f) roja	felfel aḥmar (m)	فلفل أحمر
mostaza (f)	mosṭarda (m)	مسطردة
rábano (m) picante	fegl ḥār (m)	فجل حار
condimento (m)	bahār (m)	بهار
especia (f)	bahār (m)	بهار
salsa (f)	ṣalṣa (f)	صلصة
vinagre (m)	χall (m)	خلّ
anís (m)	yansūn (m)	ينسون
albahaca (f)	rīḥān (m)	ريحان
clavo (m)	'oronfol (m)	قرنفل
jengibre (m)	zangabīl (m)	زنجبيل
cilantro (m)	kozbora (f)	كزبرة
canela (f)	'erfa (f)	قرفة
sésamo (m)	semsem (m)	سمسم
hoja (f) de laurel	wara' el ɣār (m)	ورق الغار
paprika (f)	babrika (f)	بابريكا
comino (m)	karawya (f)	كراوية
azafrán (m)	za'farān (m)	زعفران

LA INFORMACIÓN PERSONAL. LA FAMILIA

58. La información personal. Los formularios

nombre (m)	esm (m)	اسم
apellido (m)	esm el ʿaʾela (m)	اسم العائلة
fecha (f) de nacimiento	tarīχ el melād (m)	تاريخ الميلاد
lugar (m) de nacimiento	makān el melād (m)	مكان الميلاد
nacionalidad (f)	gensiya (f)	جنسيّة
domicilio (m)	maqarr el eqāma (m)	مقرّ الإقامة
país (m)	balad (m)	بلد
profesión (f)	mehna (f)	مهنة
sexo (m)	ginss (m)	جنس
estatura (f)	ṭūl (m)	طول
peso (m)	wazn (m)	وزن

59. Los familiares. Los parientes

madre (f)	walda (f)	والدة
padre (m)	wāled (m)	والد
hijo (m)	walad (m)	ولد
hija (f)	bent (f)	بنت
hija (f) menor	el bent el saɣīra (f)	البنت الصغيرة
hijo (m) menor	el ebn el saɣīr (m)	الابن الصغير
hija (f) mayor	el bent el kebīra (f)	البنت الكبيرة
hijo (m) mayor	el ebn el kabīr (m)	الابن الكبير
hermano (m)	aχ (m)	أخ
hermano (m) mayor	el aχ el kibīr (m)	الأخ الكبير
hermano (m) menor	el aχ el ṣoɣeyyir (m)	الأخ الصغير
hermana (f)	uχt (f)	أخت
hermana (f) mayor	el uχt el kibīra (f)	الأخت الكبيرة
hermana (f) menor	el uχt el ṣoɣeyyira (f)	الأخت الصغيرة
primo (m)	ibn ʿamm (m), ibn χāl (m)	إبن عمّ, إبن خال
prima (f)	bint ʿamm (f), bint χāl (f)	بنت عم, بنت خال
mamá (f)	mama (f)	ماما
papá (m)	baba (m)	بابا
padres (pl)	waldeyn (du)	والدين
niño -a (m, f)	ṭefl (m)	طفل
niños (pl)	aṭfāl (pl)	أطفال
abuela (f)	gedda (f)	جدّة
abuelo (m)	gadd (m)	جدّ
nieto (m)	ḥafīd (m)	حفيد

nieta (f)	ḥafīda (f)	حفيدة
nietos (pl)	aḥfād (pl)	أحفاد
tío (m)	ʿamm (m), χāl (m)	عمّ, خال
tía (f)	ʿamma (f), χāla (f)	عمّة, خالة
sobrino (m)	ibn el aχ (m), ibn el uχt (m)	إبن الأخ, إبن الأخت
sobrina (f)	bint el aχ (f), bint el uχt (f)	بنت الأخ, بنت الأخت
suegra (f)	ḥamah (f)	حماة
suegro (m)	ḥama (m)	حما
yerno (m)	goze el bent (m)	جوز البنت
madrastra (f)	merāt el abb (f)	مرات الأب
padrastro (m)	goze el omm (m)	جوز الأم
niño (m) de pecho	ṭefl radeeʿ (m)	طفل رضيع
bebé (m)	mawlūd (m)	موّلود
chico (m)	walad ṣaɣīr (m)	ولد صغير
mujer (f)	goza (f)	جوزة
marido (m)	goze (m)	جوز
esposo (m)	goze (m)	جوز
esposa (f)	goza (f)	جوزة
casado (adj)	metgawwez	متجوّز
casada (adj)	metgawweza	متجوّزة
soltero (adj)	aʿzab	أعزب
soltero (m)	aʿzab (m)	أعزب
divorciado (adj)	moṭallaq (m)	مطلّق
viuda (f)	armala (f)	أرملة
viudo (m)	armal (m)	أرمل
pariente (m)	ʾarīb (m)	قريب
pariente (m) cercano	nesīb ʾarīb (m)	نسيب قريب
pariente (m) lejano	nesīb beʿīd (m)	نسيب بعيد
parientes (pl)	aqāreb (pl)	أقارب
huérfano (m), huérfana (f)	yatīm (m)	يتيم
tutor (m)	walyī amr (m)	وليّ أمر
adoptar (un niño)	tabanna	تبنّى
adoptar (una niña)	tabanna	تبنّى

60. Los amigos. Los compañeros del trabajo

amigo (m)	ṣadīq (m)	صديق
amiga (f)	ṣadīqa (f)	صديقة
amistad (f)	ṣadāqa (f)	صداقة
ser amigo	ṣādaq	صادق
amigote (m)	ṣāḥeb (m)	صاحب
amiguete (f)	ṣaḥba (f)	صاحبة
compañero (m)	rafīʾ (m)	رفيق
jefe (m)	raʾīs (m)	رئيس
superior (m)	el arfaʿ maqāman (m)	الأرفع مقاماً
propietario (m)	ṣāḥib (m)	صاحب

subordinado (m)	tābe' (m)	تابع
colega (m, f)	zamīl (m)	زميل
conocido (m)	ma'refa (m)	معرفة
compañero (m) de viaje	rafī' safar (m)	رفيق سفر
condiscípulo (m)	zamīl fel ṣaff (m)	زميل في الصفّ
vecino (m)	gār (m)	جار
vecina (f)	gāra (f)	جارة
vecinos (pl)	gerān (pl)	جيران

EL CUERPO. LA MEDICINA

61. La cabeza

cabeza (f)	ra's (m)	رأس
cara (f)	weʃ (m)	وش
nariz (f)	manaχīr (m)	مناخير
boca (f)	bo' (m)	بوء
ojo (m)	ʿeyn (f)	عين
ojos (m pl)	ʿoyūn (pl)	عيون
pupila (f)	ḥad'a (f)	حدقة
ceja (f)	ḥāgeb (m)	حاجب
pestaña (f)	remʃ (m)	رمش
párpado (m)	gefn (m)	جفن
lengua (f)	lesān (m)	لسان
diente (m)	senna (f)	سنّة
labios (m pl)	ʃafāyef (pl)	شفايف
pómulos (m pl)	ʿaḍmet el χadd (f)	عضمة الخدّ
encía (f)	lassa (f)	لثّة
paladar (m)	ḥanak (m)	حنك
ventanas (f pl)	manaχer (pl)	مناخر
mentón (m)	da''n (m)	دقن
mandíbula (f)	fakk (m)	فكّ
mejilla (f)	χadd (m)	خدّ
frente (f)	gabha (f)	جبهة
sien (f)	ṣedɣ (m)	صدغ
oreja (f)	wedn (f)	ودن
nuca (f)	'afa (m)	قفا
cuello (m)	ra'aba (f)	رقبة
garganta (f)	zore (m)	زور
pelo, cabello (m)	ʃaʿr (m)	شعر
peinado (m)	tasrīḥa (f)	تسريحة
corte (m) de pelo	tasrīḥa (f)	تسريحة
peluca (f)	barūka (f)	باروكة
bigote (m)	ʃanab (pl)	شنب
barba (f)	leḥya (f)	لحية
tener (~ la barba)	ʿando	عنده
trenza (f)	ḍefīra (f)	ضفيرة
patillas (f pl)	sawālef (pl)	سوالف
pelirrojo (adj)	aḥmar el ʃaʿr	أحمر الشعر
gris, canoso (adj)	ʃaʿr abyaḍ	شعر أبيض
calvo (adj)	aṣlaʿ	أصلع
calva (f)	ṣalaʿ (m)	صلع

cola (f) de caballo	deyl ḥoṣān (m)	ديل حصان
flequillo (m)	'oṣṣa (f)	قصّة

62. El cuerpo

mano (f)	yad (m)	يد
brazo (m)	derā' (f)	دراع
dedo (m)	ṣobā' (m)	صباع
dedo (m) del pie	ṣobā' el 'adam (m)	صباع القدم
dedo (m) pulgar	ebhām (m)	إبهام
dedo (m) meñique	xonṣor (m)	خنصر
uña (f)	ḍefr (m)	ضفر
puño (m)	qabḍa (f)	قبضة
palma (f)	kaff (f)	كفّ
muñeca (f)	me'ṣam (m)	معصم
antebrazo (m)	sā'ed (m)	ساعد
codo (m)	kū' (m)	كوع
hombro (m)	ketf (f)	كتف
pierna (f)	regl (f)	رجل
planta (f)	qadam (f)	قدم
rodilla (f)	rokba (f)	ركبة
pantorrilla (f)	semmāna (f)	سمّانة
cadera (f)	faxd (f)	فخد
talón (m)	ka'b (m)	كعب
cuerpo (m)	gesm (m)	جسم
vientre (m)	baṭn (m)	بطن
pecho (m)	ṣedr (m)	صدر
seno (m)	sady (m)	ثدي
lado (m), costado (m)	ganb (m)	جنب
espalda (f)	ḍahr (m)	ضهر
zona (f) lumbar	asfal el ḍahr (m)	أسفل الضهر
cintura (f), talle (m)	wesṭ (f)	وسط
ombligo (m)	sorra (f)	سرّة
nalgas (f pl)	ardāf (pl)	أرداف
trasero (m)	debr (m)	دبر
lunar (m)	ʃāma (f)	شامة
marca (f) de nacimiento	waḥma	وحمة
tatuaje (m)	waʃm (m)	وشم
cicatriz (f)	nadba (f)	ندبة

63. Las enfermedades

enfermedad (f)	maraḍ (m)	مرض
estar enfermo	mereḍ	مرض
salud (f)	ṣeḥḥa (f)	صحّة
resfriado (m) (coriza)	raʃ-ḥ fel anf (m)	رشح في الأنف

angina (f)	eltehāb el lawzateyn (m)	إلتهاب اللوزتين
resfriado (m)	zokām (m)	زكام
resfriarse (vr)	gālo bard	جاله برد
bronquitis (f)	eltehāb ʃoʿaby (m)	إلتهاب شعبيّ
pulmonía (f)	eltehāb raʾawy (m)	إلتهاب رئوي
gripe (f)	influenza (f)	إنفلونزا
miope (adj)	ʾaṣīr el naẓar	قصير النظر
présbita (adj)	beʿīd el naẓar	بعيد النظر
estrabismo (m)	ḥawal (m)	حوَل
estrábico (m) (adj)	aḥwal	أحوَل
catarata (f)	katarakt (f)	كاتاراكت
glaucoma (m)	glawkoma (f)	جلوكوما
insulto (m)	sakta (f)	سكتة
ataque (m) cardiaco	azma ʾalbiya (f)	أزمة قلبية
infarto (m) de miocardio	nawba ʾalbiya (f)	نوبة قلبية
parálisis (f)	ʃalal (m)	شلل
paralizar (vt)	ʃall	شلّ
alergia (f)	ḥasasiya (f)	حساسيّة
asma (f)	rabw (m)	ربو
diabetes (f)	dāʾ el sokkary (m)	داء السكّري
dolor (m) de muelas	alam asnān (m)	ألم الأسنان
caries (f)	naχr el asnān (m)	نخر الأسنان
diarrea (f)	es-hāl (m)	إسهال
estreñimiento (m)	emsāk (m)	إمساك
molestia (f) estomacal	eḍṭrāb el meʿda (m)	إضطراب المعدة
envenenamiento (m)	tasammom (m)	تسمّم
envenenarse (vr)	etsammem	إتسمّم
artritis (f)	eltehāb el mafāṣel (m)	إلتهاب المفاصل
raquitismo (m)	kosāḥ el aṭfāl (m)	كساح الأطفال
reumatismo (m)	rheumatism (m)	روماتزم
ateroesclerosis (f)	taṣṣallob el ʃarayīn (m)	تصلّب الشرايين
gastritis (f)	eltehāb el meʿda (m)	إلتهاب المعدة
apendicitis (f)	eltehāb el zayda el dūdiya (m)	إلتهاب الزائدة الدودية
colecistitis (f)	eltehāb el marāra (m)	إلتهاب المرارة
úlcera (f)	qorḥa (f)	قرحة
sarampión (m)	maraḍ el ḥaṣba (m)	مرض الحصبة
rubeola (f)	el ḥaṣba el almaniya (f)	الحصبة الألمانية
ictericia (f)	yaraqān (m)	يرقان
hepatitis (f)	eltehāb el kabed el vayrūsy (m)	إلتهاب الكبد الفيروسي
esquizofrenia (f)	fuṣām (m)	فصام
rabia (f) (hidrofobia)	dāʾ el kalb (m)	داء الكلب
neurosis (f)	eḍṭrāb ʿaṣaby (m)	إضطراب عصبي
conmoción (f) cerebral	ertegāg el moχ (m)	إرتجاج المخ
cáncer (m)	saraṭān (m)	سرطان
esclerosis (f)	taṣṣallob (m)	تصلّب

esclerosis (m) múltiple	taṣṣallob mota'added (m)	تصلّب متعدّد
alcoholismo (m)	edmān el χamr (m)	إدمان الخمر
alcohólico (m)	modmen el χamr (m)	مدمن الخمر
sífilis (f)	syfilis el zehry (m)	سفلس الزهري
SIDA (m)	el eydz (m)	الايدز
tumor (m)	waram (m)	ورم
maligno (adj)	χabīs	خبيث
benigno (adj)	ḥamīd (m)	حميد
fiebre (f)	ḥomma (f)	حمّى
malaria (f)	malaria (f)	ملاريا
gangrena (f)	ɣanɣarīna (f)	غنغرينا
mareo (m)	dawār el baḥr (m)	دوار البحر
epilepsia (f)	maraḍ el ṣara' (m)	مرض الصرع
epidemia (f)	wabā' (m)	وباء
tifus (m)	tyfus (m)	تيفوس
tuberculosis (f)	maraḍ el soll (m)	مرض السلّ
cólera (f)	kōlīra (f)	كوليرا
peste (f)	ṭa'ūn (m)	طاعون

64. Los síntomas. Los tratamientos. Unidad 1

síntoma (m)	'araḍ (m)	عرض
temperatura (f)	ḥarāra (f)	حرارة
fiebre (f)	ḥomma (f)	حمّى
pulso (m)	nabḍ (m)	نبض
mareo (m) (vértigo)	dawχa (f)	دوخة
caliente (adj)	soχn	سخن
escalofrío (m)	ra'ʃa (f)	رعشة
pálido (adj)	aṣfar	أصفر
tos (f)	koḥḥa (f)	كحّة
toser (vi)	kaḥḥ	كحّ
estornudar (vi)	'aṭas	عطس
desmayo (m)	dawχa (f)	دوخة
desmayarse (vr)	oɣma 'aleyh	أغمي عليه
moradura (f)	kadma (f)	كدمة
chichón (m)	tawarrom (m)	تورّم
golpearse (vr)	etχabaṭ	إتخبط
magulladura (f)	raḍḍa (f)	رضّة
magullarse (vr)	etkadam	إتكدم
cojear (vi)	'arag	عرج
dislocación (f)	χal' (m)	خلع
dislocar (vt)	χala'	خلع
fractura (f)	kasr (m)	كسر
tener una fractura	enkasar	إنكسر
corte (m) (tajo)	garḥ (m)	جرح
cortarse (vr)	garaḥ nafsoh	جرح نفسه

hemorragia (f)	nazīf (m)	نزيف
quemadura (f)	ḥar' (m)	حرق
quemarse (vr)	et-ḥara'	إتحرق
pincharse (~ el dedo)	waχaz	وخز
pincharse (vr)	waχaz nafso	وخز نفسه
herir (vt)	aṣāb	أصاب
herida (f)	eṣāba (f)	إصابة
lesión (f) (herida)	garḥ (m)	جرح
trauma (m)	ṣadma (f)	صدمة
delirar (vi)	haza	هذى
tartamudear (vi)	tala'sam	تلعثم
insolación (f)	ḍarabet ʃams (f)	ضربة شمس

65. Los síntomas. Los tratamientos. Unidad 2

dolor (m)	alam (m)	ألم
astilla (f)	ʃazya (f)	شظية
sudor (m)	'er' (m)	عرق
sudar (vi)	'ere'	عرق
vómito (m)	targee' (m)	ترجيع
convulsiones (f pl)	taʃonnogāt (pl)	تشنّجات
embarazada (adj)	ḥāmel	حامل
nacer (vi)	etwalad	اتولّد
parto (m)	welāda (f)	ولادة
dar a luz	walad	ولد
aborto (m)	eg-hāḍ (m)	إجهاض
respiración (f)	tanaffos (m)	تنفّس
inspiración (f)	estenʃāq (m)	إستنشاق
espiración (f)	zafīr (m)	زفير
espirar (vi)	zafar	زفر
inspirar (vi)	estanʃaq	إستنشق
inválido (m)	mo'āq (m)	معاق
mutilado (m)	moq'ad (m)	مقعد
drogadicto (m)	modmen moχaddarāt (m)	مدمن مخدّرات
sordo (adj)	aṭraʃ	أطرش
mudo (adj)	aχras	أخرس
sordomudo (adj)	aṭraʃ aχras	أطرش أخرس
loco (adj)	magnūn	مجنون
loco (m)	magnūn (m)	مجنون
loca (f)	magnūna (f)	مجنونة
volverse loco	etgannen	اتجنّن
gen (m)	ʒīn (m)	جين
inmunidad (f)	manā'a (f)	مناعة
hereditario (adj)	werāsy	وراثي
de nacimiento (adj)	χolqy men el welāda	خلقي من الولادة

virus (m)	virūs (m)	فيروس
microbio (m)	mikrūb (m)	ميكروب
bacteria (f)	garsūma (f)	جرثومة
infección (f)	'adwa (f)	عدوى

66. Los síntomas. Los tratamientos. Unidad 3

hospital (m)	mostaʃfa (m)	مستشفى
paciente (m)	marīḍ (m)	مريض
diagnosis (f)	taʃχīṣ (m)	تشخيص
cura (f)	ʃefā' (m)	شفاء
tratamiento (m)	'elāg ṭebby (m)	علاج طبي
curarse (vr)	et'āleg	اتعالج
tratar (vt)	'ālag	عالج
cuidar (a un enfermo)	marraḍ	مرّض
cuidados (m pl)	'enāya (f)	عناية
operación (f)	'amaliya grāḥiya (f)	عمليّة جراحية
vendar (vt)	ḍammad	ضمّد
vendaje (m)	taḍmīd (m)	تضميد
vacunación (f)	talqīḥ (m)	تلقيح
vacunar (vt)	laqqaḥ	لقّح
inyección (f)	ḥo'na (f)	حقنة
aplicar una inyección	ḥa'an ebra	حقن إبرة
ataque (m)	nawba (f)	نوبة
amputación (f)	batr (m)	بتر
amputar (vt)	batr	بتر
coma (m)	ɣaybūba (f)	غيبوبة
estar en coma	kān fi ḥālet ɣaybūba	كان في حالة غيبوبة
revitalización (f)	el 'enāya el morakkaza (f)	العناية المركّزة
recuperarse (vr)	ʃefy	شفي
estado (m) (de salud)	ḥāla (f)	حالة
consciencia (f)	wa'y (m)	وعي
memoria (f)	zākera (f)	ذاكرة
extraer (un diente)	χala'	خلع
empaste (m)	ḥaʃww (m)	حشوّ
empastar (vt)	ḥaʃa	حشا
hipnosis (f)	el tanwīm el meɣnaṭīsy (m)	التنويم المغناطيسى
hipnotizar (vt)	nawwem	نوّم

67. La medicina. Las drogas. Los accesorios

medicamento (m), droga (f)	dawā' (m)	دواء
remedio (m)	'elāg (m)	علاج
prescribir (vt)	waṣaf	وصف
receta (f)	waṣfa (f)	وصفة

tableta (f)	'orṣ (m)	قرص
ungüento (m)	marham (m)	مرهم
ampolla (f)	ambūla (f)	أمبولة
mixtura (f), mezcla (f)	dawā' ʃorb (m)	دواء شراب
sirope (m)	ʃarāb (m)	شراب
píldora (f)	ḥabba (f)	حبّة
polvo (m)	zorūr (m)	ذرور
venda (f)	ḍammāda ʃāʃ (f)	ضمادة شاش
algodón (m) (discos de ~)	'oṭn (m)	قطن
yodo (m)	yūd (m)	يود
tirita (f), curita (f)	blaster (m)	بلاستر
pipeta (f)	'aṭṭāra (f)	قطّارة
termómetro (m)	termometr (m)	ترمومتر
jeringa (f)	serennga (f)	سرنّجة
silla (f) de ruedas	korsy motaḥarrek (m)	كرسي متحرك
muletas (f pl)	ʿokkāz (m)	عكّاز
anestésico (m)	mosakken (m)	مسكّن
purgante (m)	molayen (m)	مليّن
alcohol (m)	etanol (m)	إيثانول
hierba (f) medicinal	aʿʃāb ṭebbiya (pl)	أعشاب طبّية
de hierbas (té ~)	ʿoʃby	عشبي

EL APARTAMENTO

68. El apartamento

apartamento (m)	ʃa''a (f)	شقّة
habitación (f)	oḍa (f)	أوضة
dormitorio (m)	oḍet el nome (f)	أوضة النوم
comedor (m)	oḍet el sofra (f)	أوضة السفرة
salón (m)	oḍet el esteqbāl (f)	أوضة الإستقبال
despacho (m)	maktab (m)	مكتب
antecámara (f)	madχal (m)	مدخل
cuarto (m) de baño	ḥammām (m)	حمّام
servicio (m)	ḥammām (m)	حمّام
techo (m)	sa'f (m)	سقف
suelo (m)	arḍiya (f)	أرضية
rincón (m)	zawya (f)	زاوية

69. Los muebles. El interior

muebles (m pl)	asās (m)	أثاث
mesa (f)	maktab (m)	مكتب
silla (f)	korsy (m)	كرسي
cama (f)	serīr (m)	سرير
sofá (m)	kanaba (f)	كنبة
sillón (m)	korsy (m)	كرسي
librería (f)	χazzānet kotob (f)	خزّانة كتب
estante (m)	raff (m)	رفّ
armario (m)	dolāb (m)	دولاب
percha (f)	ʃammā'a (f)	شمّاعة
perchero (m) de pie	ʃammā'a (f)	شمّاعة
cómoda (f)	dolāb adrāg (m)	دولاب أدراج
mesa (f) de café	ṭarabeyzet el 'ahwa (f)	طرابيزة القهوة
espejo (m)	merāya (f)	مراية
tapiz (m)	seggāda (f)	سجّادة
alfombra (f)	seggāda (f)	سجّادة
chimenea (f)	daffāya (f)	دفّاية
vela (f)	ʃam'a (f)	شمعة
candelero (m)	ʃam'adān (m)	شمعدان
cortinas (f pl)	satā'er (pl)	ستائر
empapelado (m)	wara' ḥā'eṭ (m)	ورق حائط

estor (m) de láminas	satā'er ofoqiya (pl)	ستائر أفقيّة
lámpara (f) de mesa	abāʒūr (f)	اباجورة
aplique (m)	lammbet ḥā'eṭ (f)	لمّبة حائط
lámpara (f) de pie	meṣbāḥ arḍy (m)	مصباح أرضي
lámpara (f) de araña	nagafa (f)	نجفة
pata (f) (~ de la mesa)	regl (f)	رجل
brazo (m)	masnad (m)	مسند
espaldar (m)	masnad (m)	مسند
cajón (m)	dorg (m)	درج

70. Los accesorios de cama

ropa (f) de cama	bayāḍāt el serīr (pl)	بياضات السرير
almohada (f)	maχadda (f)	مخدّة
funda (f)	kīs el maχadda (m)	كيس المخدّة
manta (f)	leḥāf (m)	لحاف
sábana (f)	melāya (f)	ملاية
sobrecama (f)	ɣaṭā' el serīr (m)	غطاء السرير

71. La cocina

cocina (f)	maṭbaχ (m)	مطبخ
gas (m)	ɣāz (m)	غاز
cocina (f) de gas	botoɣāz (m)	بوتوغاز
cocina (f) eléctrica	forn kaharabā'y (m)	فرن كهربائي
horno (m)	forn (m)	فرن
horno (m) microondas	mikroweyv (m)	ميكروويف
frigorífico (m)	tallāga (f)	ثلاجة
congelador (m)	freyzer (m)	فريزر
lavavajillas (m)	ɣassālet aṭbā' (f)	غسّالة أطباق
picadora (f) de carne	farrāmet laḥm (f)	فرّامة لحم
exprimidor (m)	'aṣṣāra (f)	عصّارة
tostador (m)	maḥmaṣet χobz (f)	محمصة خبز
batidora (f)	χallāṭ (m)	خلّاط
cafetera (f) (aparato de cocina)	makinet ṣon' el 'ahwa (f)	ماكينة صنع القهوة
cafetera (f) (para servir)	ɣallāya kahraba'iya (f)	غلّاية القهوة
molinillo (m) de café	maṭ-ḥanet 'ahwa (f)	مطحنة قهوة
hervidor (m) de agua	ɣallāya (f)	غلّاية
tetera (f)	barrād el ʃāy (m)	برّاد الشاي
tapa (f)	ɣaṭā' (m)	غطاء
colador (m) de té	maṣfāh el ʃāy (f)	مصفاة الشاي
cuchara (f)	ma'la'a (f)	معلقة
cucharilla (f)	ma'la'et ʃāy (f)	معلقة شاي
cuchara (f) de sopa	ma'la'a kebīra (f)	ملعقة كبيرة
tenedor (m)	ʃawka (f)	شوكة

cuchillo (m)	sekkīna (f)	سكّينة
vajilla (f)	awāny (pl)	أواني
plato (m)	ṭaba' (m)	طبق
platillo (m)	ṭaba' fengān (m)	طبق فنجان
vaso (m) de chupito	kāsa (f)	كاسة
vaso (m) (~ de agua)	kobbāya (f)	كوبّاية
taza (f)	fengān (m)	فنجان
azucarera (f)	sokkariya (f)	سكّريّة
salero (m)	mamlaḥa (f)	مملحة
pimentero (m)	mobhera (f)	مبهرة
mantequera (f)	ṭaba' zebda (m)	طبق زبدة
cacerola (f)	ḥalla (f)	حلّة
sartén (f)	ṭāsa (f)	طاسة
cucharón (m)	maɣrafa (f)	مغرفة
colador (m)	maṣfāh (f)	مصفاه
bandeja (f)	ṣeniya (f)	صينيّة
botella (f)	ezāza (f)	إزازة
tarro (m) de vidrio	barṭamān (m)	برطمان
lata (f)	kanz (m)	كانز
abrebotellas (m)	fattāḥa (f)	فتّاحة
abrelatas (m)	fattāḥa (f)	فتّاحة
sacacorchos (m)	barrīma (f)	بريّمة
filtro (m)	filter (m)	فلتر
filtrar (vt)	ṣaffa	صفّى
basura (f)	zebāla (f)	زبالة
cubo (m) de basura	ṣandū' el zebāla (m)	صندوق الزبالة

72. El baño

cuarto (m) de baño	ḥammām (m)	حمّام
agua (f)	meyāh (f)	مياه
grifo (m)	ḥanafiya (f)	حنفيّة
agua (f) caliente	maya soxna (f)	مايّة سخنة
agua (f) fría	maya barda (f)	مايّة باردة
pasta (f) de dientes	ma'gūn asnān (m)	معجون أسنان
limpiarse los dientes	naḍḍaf el asnān	نظّف الأسنان
cepillo (m) de dientes	forʃet senān (f)	فرشة أسنان
afeitarse (vr)	ḥala'	حلق
espuma (f) de afeitar	raɣwa lel ḥelā'a (f)	رغوة للحلاقة
maquinilla (f) de afeitar	mūs (m)	موس
lavar (vt)	ɣasal	غسل
darse un baño	estaḥamma	إستحمّى
ducha (f)	doʃ (m)	دوش
darse una ducha	axad doʃ	أخد دوش
bañera (f)	banyo (m)	بانيو

inodoro (m)	twalet (m)	تواليت
lavabo (m)	ḥoḍe (m)	حوض
jabón (m)	ṣabūn (m)	صابون
jabonera (f)	ṣabbāna (f)	صبّانة
esponja (f)	līfa (f)	ليفة
champú (m)	ʃambū (m)	شامبو
toalla (f)	fūṭa (f)	فوطة
bata (f) de baño	robe el ḥammām (m)	روب حمّام
colada (f), lavado (m)	ɣasīl (m)	غسيل
lavadora (f)	ɣassāla (f)	غسّالة
lavar la ropa	ɣasal el malābes	غسل الملابس
detergente (m) en polvo	mas-ḥūʾ ɣasīl (m)	مسحوق غسيل

73. Los aparatos domésticos

televisor (m)	televizion (m)	تليفزيون
magnetófono (m)	gehāz tasgīl (m)	جهاز تسجيل
vídeo (m)	ʾāla tasgīl video (f)	آلة تسجيل فيديو
radio (m)	gehāz radio (m)	جهاز راديو
reproductor (m) (~ MP3)	blayer (m)	بليير
proyector (m) de vídeo	gehāz ʿarḍ (m)	جهاز عرض
sistema (m) home cinema	sinema manzeliya (f)	سينما منزليّة
reproductor (m) de DVD	dividī blayer (m)	دي في دي بليير
amplificador (m)	mokabbaer el ṣote (m)	مكبّر الصوت
videoconsola (f)	ʾātāry (m)	أتاري
cámara (f) de vídeo	kamera video (f)	كاميرا فيديو
cámara (f) fotográfica	kamera (f)	كاميرا
cámara (f) digital	kamera diʒital (f)	كاميرا ديجيتال
aspirador (m), aspiradora (f)	maknasa kahrabaʾiya (f)	مكنسة كهربائيّة
plancha (f)	makwa (f)	مكواة
tabla (f) de planchar	lawḥet kayī (f)	لوحة كيّ
teléfono (m)	telefon (m)	تليفون
teléfono (m) móvil	mobile (m)	موبايل
máquina (f) de escribir	ʾāla katba (f)	آلة كاتبة
máquina (f) de coser	makanet el χeyāṭa (f)	مكنة الخياطة
micrófono (m)	mikrofon (m)	ميكروفون
auriculares (m pl)	sammaʿāt raʾsiya (pl)	سمّاعات رأسية
mando (m) a distancia	remowt kontrol (m)	ريموت كنترول
CD (m)	sidī (m)	سي دي
casete (m)	kasett (m)	كاسيت
disco (m) de vinilo	esṭewāna mūsīqa (f)	أسطوانة موسيقى

LA TIERRA. EL TIEMPO

74. El espacio

cosmos (m)	faḍā' (m)	فضاء
espacial, cósmico (adj)	faḍā'y	فضائي
espacio (m) cósmico	el faḍā' el χāregy (m)	الفضاء الخارجي
mundo (m)	'ālam (m)	عالم
universo (m)	el kōn (m)	الكون
galaxia (f)	el magarra (f)	المجرّة
estrella (f)	negm (m)	نجم
constelación (f)	borg (m)	برج
planeta (m)	kawwkab (m)	كوّكب
satélite (m)	'amar ṣenā'y (m)	قمر صناعي
meteorito (m)	nayzek (m)	نيّزك
cometa (m)	mozannab (m)	مذنّب
asteroide (m)	kowaykeb (m)	كويكب
órbita (f)	madār (m)	مدار
girar (vi)	dār	دار
atmósfera (f)	el ɣelāf el gawwy (m)	الغلاف الجوّي
Sol (m)	el ʃams (f)	الشمس
sistema (m) solar	el magmū'a el ʃamsiya (f)	المجموعة الشمسيّة
eclipse (m) de Sol	kosūf el ʃams (m)	كسوف الشمس
Tierra (f)	el arḍ (f)	الأرض
Luna (f)	el 'amar (m)	القمر
Marte (m)	el marrīχ (m)	المرّيخ
Venus (f)	el zahra (f)	الزهرة
Júpiter (m)	el moʃtary (m)	المشتري
Saturno (m)	zoḥḥol (m)	زحل
Mercurio (m)	'aṭāred (m)	عطارد
Urano (m)	uranus (m)	اورانوس
Neptuno (m)	nibtūn (m)	نبتون
Plutón (m)	bluto (m)	بلوتو
la Vía Láctea	darb el tebbāna (m)	درب التبّانة
la Osa Mayor	el dobb el akbar (m)	الدب الأكبر
la Estrella Polar	negm el 'oṭb (m)	نجم القطب
marciano (m)	sāken el marrīχ (m)	ساكن المرّيخ
extraterrestre (m)	faḍā'y (m)	فضائي
planetícola (m)	kā'en faḍā'y (m)	كائن فضائي
platillo (m) volante	ṭaba' ṭā'er (m)	طبق طائر
nave (f) espacial	markaba faḍa'iya (f)	مركبة فضائية

estación (f) orbital	maḥaṭṭet faḍā' (f)	محطّة فضاء
despegue (m)	enṭelāq (m)	إنطلاق
motor (m)	motore (m)	موتور
tobera (f)	manfaθ (m)	منفث
combustible (m)	woqūd (m)	وقود
carlinga (f)	kabīna (f)	كابينة
antena (f)	hawā'y (m)	هوائي
ventana (f)	kowwa mostadīra (f)	كوّة مستديرة
batería (f) solar	lawḥa ʃamsiya (f)	لوحة شمسيّة
escafandra (f)	badlet el faḍā' (f)	بدلة الفضاء
ingravidez (f)	en'edām wazn (m)	إنعدام الوزن
oxígeno (m)	oksiʒīn (m)	أوكسجين
atraque (m)	rasw (m)	رسو
realizar el atraque	rasa	رسى
observatorio (m)	marṣad (m)	مرصد
telescopio (m)	teleskop (m)	تلسكوب
observar (vt)	rāqab	راقب
explorar (~ el universo)	estakʃef	إستكشف

75. La tierra

Tierra (f)	el arḍ (f)	الأرض
globo (m) terrestre	el kora el arḍiya (f)	الكرة الأرضيّة
planeta (m)	kawwkab (m)	كوكب
atmósfera (f)	el ɣelāf el gawwy (m)	الغلاف الجوّي
geografía (f)	goɣrafia (f)	جغرافيا
naturaleza (f)	ṭabee'a (f)	طبيعة
globo (m) terráqueo	namūzag lel kora el arḍiya (m)	نموذج للكرة الأرضيّة
mapa (m)	χarīṭa (f)	خريطة
atlas (m)	aṭlas (m)	أطلس
Europa (f)	orobba (f)	أوروبّا
Asia (f)	asya (f)	آسيا
África (f)	afreqia (f)	أفريقيا
Australia (f)	ostorālya (f)	أستراليا
América (f)	amrīka (f)	أمريكا
América (f) del Norte	amrīka el ʃamaliya (f)	أمريكا الشماليّة
América (f) del Sur	amrīka el ganūbiya (f)	أمريكا الجنوبيّة
Antártida (f)	el qoṭb el ganūby (m)	القطب الجنوبي
Ártico (m)	el qoṭb el ʃamāly (m)	القطب الشمالي

76. Los puntos cardinales

norte (m)	ʃemāl (m)	شمال
al norte	lel ʃamāl	للشمال

en el norte	fel ʃamāl	في الشمال
del norte (adj)	ʃamāly	شمالي
sur (m)	ganūb (m)	جنوب
al sur	lel ganūb	للجنوب
en el sur	fel ganūb	في الجنوب
del sur (adj)	ganūby	جنوبي
oeste (m)	ɣarb (m)	غرب
al oeste	lel ɣarb	للغرب
en el oeste	fel ɣarb	في الغرب
del oeste (adj)	ɣarby	غربي
este (m)	ʃarʾ (m)	شرق
al este	lel ʃarʾ	للشرق
en el este	fel ʃarʾ	في الشرق
del este (adj)	ʃarʾy	شرقي

77. El mar. El océano

mar (m)	baḥr (m)	بحر
océano (m)	moḥīṭ (m)	محيط
golfo (m)	χalīg (m)	خليج
estrecho (m)	maḍīq (m)	مضيق
tierra (f) firme	barr (m)	بَر
continente (m)	qārra (f)	قارَة
isla (f)	gezīra (f)	جزيرة
península (f)	ʃebh gezeyra (f)	شبه جزيرة
archipiélago (m)	magmūʿet gozor (f)	مجموعة جزر
bahía (f)	χalīg (m)	خليج
ensenada, bahía (f)	mināʾ (m)	ميناء
laguna (f)	lagūn (m)	لاجون
cabo (m)	raʾs (m)	رأس
atolón (m)	gezīra morganiya estwaʾiya (f)	جزيرة مرجانية إستوائيَّة
arrecife (m)	ʃoʿāb (pl)	شعاب
coral (m)	morgān (m)	مرجان
arrecife (m) de coral	ʃoʿāb morganiya (pl)	شعاب مرجانية
profundo (adj)	ʿamīq	عميق
profundidad (f)	ʿomq (m)	عمق
abismo (m)	el ʿomq el saḥīq (m)	العمق السحيق
fosa (f) oceánica	χondoq (m)	خندق
corriente (f)	tayār (m)	تيَار
bañar (rodear)	ḥāṭ	حاط
orilla (f)	sāḥel (m)	ساحل
costa (f)	sāḥel (m)	ساحل
flujo (m)	tayār (m)	تيَار
reflujo (m)	gozor (m)	جزر

banco (m) de arena	meyāh ḍaḥla (f)	مياه ضحلة
fondo (m)	qāʿ (m)	قاع
ola (f)	mouga (f)	موجة
cresta (f) de la ola	qemma (f)	قمّة
espuma (f)	zabad el baḥr (m)	زبد البحر
tempestad (f)	ʿāṣefa (f)	عاصفة
huracán (m)	eʿṣār (m)	إعصار
tsunami (m)	tsunāmy (m)	تسونامي
bonanza (f)	hodūʾ (m)	هدوء
calmo, tranquilo	hady	هادئ
polo (m)	ʾoṭb (m)	قطب
polar (adj)	ʾoṭby	قطبي
latitud (f)	ʿarḍ (m)	عرض
longitud (f)	χaṭṭ ṭūl (m)	خطّ طول
paralelo (m)	motawāz (m)	متواز
ecuador (m)	χaṭṭ el estewāʾ (m)	خطّ الإستواء
cielo (m)	samāʾ (f)	سماء
horizonte (m)	ofoq (m)	أفق
aire (m)	hawāʾ (m)	هواء
faro (m)	manāra (f)	منارة
bucear (vi)	ɣāṣ	غاص
hundirse (vr)	ɣereʾ	غرق
tesoros (m pl)	konūz (pl)	كنوز

78. Los nombres de los mares y los océanos

océano (m) Atlántico	el moḥeyṭ el aṭlanṭy (m)	المحيط الأطلنطي
océano (m) Índico	el moḥeyṭ el hendy (m)	المحيط الهندي
océano (m) Pacífico	el moḥeyṭ el hādy (m)	المحيط الهادي
océano (m) Glacial Ártico	el moḥeyṭ el motagammed el ʃamāly (m)	المحيط المتجمّد الشمالي
mar (m) Negro	el baḥr el aswad (m)	البحر الأسود
mar (m) Rojo	el baḥr el aḥmar (m)	البحر الأحمر
mar (m) Amarillo	el baḥr el aṣfar (m)	البحر الأصفر
mar (m) Blanco	el baḥr el abyaḍ (m)	البحر الأبيض
mar (m) Caspio	baḥr qazwīn (m)	بحر قزوين
mar (m) Muerto	el baḥr el mayet (m)	البحر الميّت
mar (m) Mediterráneo	el baḥr el abyaḍ el motawasseṭ (m)	البحر الأبيض المتوسّط
mar (m) Egeo	baḥr eygah (m)	بحر إيجة
mar (m) Adriático	el baḥr el adreyatīky (m)	البحر الأدرياتيكي
mar (m) Arábigo	baḥr el ʿarab (m)	بحر العرب
mar (m) del Japón	baḥr el yabān (m)	بحر اليابان
mar (m) de Bering	baḥr bering (m)	بحر بيرينغ

mar (m) de la China Meridional	baḥr el ṣeyn el ganūby (m)	بحر الصين الجنوبي
mar (m) del Coral	baḥr el morgān (m)	بحر المرجان
mar (m) de Tasmania	baḥr tazman (m)	بحر تسمان
mar (m) Caribe	el baḥr el karību (m)	البحر الكاريبي
mar (m) de Barents	baḥr barents (m)	بحر بارنتس
mar (m) de Kara	baḥr kara (m)	بحر كارا
mar (m) del Norte	baḥr el ʃamāl (m)	بحر الشمال
mar (m) Báltico	baḥr el balṭīq (m)	بحر البلطيق
mar (m) de Noruega	baḥr el nerwīg (m)	بحر النرويج

79. Las montañas

montaña (f)	gabal (m)	جبل
cadena (f) de montañas	selselet gebāl (f)	سلسلة جبال
cresta (f) de montañas	notū' el gabal (m)	نتوء الجبل
cima (f)	qemma (f)	قمّة
pico (m)	qemma (f)	قمّة
pie (m)	asfal (m)	أسفل
cuesta (f)	monḥadar (m)	منحدر
volcán (m)	borkān (m)	بركان
volcán (m) activo	borkān naʃeṭ (m)	بركان نشط
volcán (m) apagado	borkān χāmed (m)	بركان خامد
erupción (f)	sawarān (m)	ثوّران
cráter (m)	fawhet el borkān (f)	فوهة البركان
magma (m)	magma (f)	ماجما
lava (f)	ḥomam borkāniya (pl)	حمم بركانية
fundido (lava ~a)	monṣahera	منصهرة
cañón (m)	wādy ḍaye' (m)	وادي ضيّق
desfiladero (m)	mamarr ḍaye' (m)	ممرّ ضيّق
grieta (f)	ʃa'' (m)	شقّ
precipicio (m)	hāwya (f)	هاوية
puerto (m) (paso)	mamarr gabaly (m)	ممرّ جبلي
meseta (f)	haḍaba (f)	هضبة
roca (f)	garf (m)	جرف
colina (f)	tall (m)	تلّ
glaciar (m)	nahr galīdy (m)	نهر جليدي
cascada (f)	ʃallāl (m)	شلّال
geiser (m)	nab' maya ḥāra (m)	نبع ميّة حارة
lago (m)	boḥeyra (f)	بحيرة
llanura (f)	sahl (m)	سهل
paisaje (m)	manzar ṭabee'y (m)	منظر طبيعي
eco (m)	ṣada (m)	صدى
alpinista (m)	motasalleq el gebāl (m)	متسلّق الجبال
escalador (m)	motasalleq ṣoχūr (m)	متسلّق صخور

conquistar (vt)	taɣallab ʿala	تغلّب على
ascensión (f)	tasalloq (m)	تسلّق

80. Los nombres de las montañas

Alpes (m pl)	gebāl el alb (pl)	جبال الألب
Montblanc (m)	mōn blōn (m)	مون بلون
Pirineos (m pl)	gebāl el barānes (pl)	جبال البرانس
Cárpatos (m pl)	gebāl el karbāt (pl)	جبال الكاربات
Urales (m pl)	gebāl el urāl (pl)	جبال الأورال
Cáucaso (m)	gebāl el qoqāz (pl)	جبال القوقاز
Elbrus (m)	gabal elbrus (m)	جبل إلبروس
Altai (m)	gebāl altāy (pl)	جبال ألتاي
Tian-Shan (m)	gebāl tian ʃan (pl)	جبال تيان شان
Pamir (m)	gebāl bamir (pl)	جبال بامير
Himalayos (m pl)	himalāya (pl)	هيمالايا
Everest (m)	gabal everest (m)	جبل افرست
Andes (m pl)	gebāl el andīz (pl)	جبال الأنديز
Kilimanjaro (m)	gabal kilimanʒaro (m)	جبل كليمنجارو

81. Los ríos

río (m)	nahr (m)	نهر
manantial (m)	ʿeyn (m)	عين
lecho (m) (curso de agua)	magra el nahr (m)	مجرى النهر
cuenca (f) fluvial	ḥoḍe (m)	حوض
desembocar en ...	ṣabb fe ...	صبّ في...
afluente (m)	rāfed (m)	رافد
ribera (f)	ḍaffa (f)	ضفّة
corriente (f)	tayār (m)	تيّار
río abajo (adv)	maʿ ettigāh magra el nahr	مع إتّجاه مجرى النهر
río arriba (adv)	ḍed el tayār	ضد التيار
inundación (f)	ɣamr (m)	غمر
riada (f)	fayaḍān (m)	فيضان
desbordarse (vr)	fāḍ	فاض
inundar (vt)	ɣamar	غمر
bajo (m) arenoso	meyāh ḍaḥla (f)	مياه ضحلة
rápido (m)	monḥadar el nahr (m)	منحدر النهر
presa (f)	sadd (m)	سدّ
canal (m)	qanah (f)	قناة
lago (m) artificiale	χazzān mā'y (m)	خزّان مائي
esclusa (f)	bawwāba qanṭara (f)	بوّابة قنطرة
cuerpo (m) de agua	berka (f)	بركة
pantano (m)	mostanqaʿ (m)	مستنقع

ciénaga (f)	mostanqaʿ (m)	مستنقع
remolino (m)	dawwāma (f)	دوّامة
arroyo (m)	gadwal (m)	جدوّل
potable (adj)	el ʃorb	الشرب
dulce (agua ~)	ʿazb	عذب
hielo (m)	galīd (m)	جليد
helarse (el lago, etc.)	etgammed	إتجمّد

82. Los nombres de los ríos

Sena (m)	el seyn (m)	السين
Loira (m)	el lua:r (m)	اللوار
Támesis (m)	el teymz (m)	التيمز
Rin (m)	el rayn (m)	الراين
Danubio (m)	el danūb (m)	الدانوب
Volga (m)	el volga (m)	الفولغا
Don (m)	el done (m)	الدون
Lena (m)	lena (m)	لينا
Río (m) Amarillo	el nahr el aṣfar (m)	النهر الأصفر
Río (m) Azul	el yangesty (m)	اليانغستي
Mekong (m)	el mekong (m)	الميكونغ
Ganges (m)	el ɣang (m)	الغانج
Nilo (m)	el nīl (m)	النيل
Congo (m)	el kongo (m)	الكونغو
Okavango (m)	okavango (m)	أوكافانجو
Zambeze (m)	el zambizi (m)	الزمبيزي
Limpopo (m)	limbobo (m)	ليمبوبو
Misisipi (m)	el mississibbi (m)	الميسيسيبي

83. El bosque

bosque (m)	ɣāba (f)	غابة
de bosque (adj)	ɣāba	غابة
espesura (f)	ɣāba kasīfa (f)	غابة كثيفة
bosquecillo (m)	bostān (m)	بستان
claro (m)	ezālet el ɣābāt (f)	إزالة الغابات
maleza (f)	agama (f)	أجمة
matorral (m)	arāḍy el ʃogayrāt (pl)	أراضي الشجيرات
senda (f)	mamarr (m)	ممرّ
barranco (m)	wādy ḍayeʾ (m)	وادي ضيّق
árbol (m)	ʃagara (f)	شجرة
hoja (f)	waraʾa (f)	ورقة

follaje (m)	wara' (m)	ورق
caída (f) de hojas	tasā'oṭ el awrā' (m)	تساقط الأوراق
caer (las hojas)	saqaṭ	سقط
cima (f)	ra's (m)	رأس
rama (f)	ɣoṣn (m)	غصن
rama (f) (gruesa)	ɣoṣn ra'īsy (m)	غصن رئيسي
brote (m)	bor'om (m)	برعم
aguja (f)	ʃawka (f)	شوكة
piña (f)	kūz el ṣnowbar (m)	كوز الصنوبر
agujero (m)	gofe (m)	جوف
nido (m)	'eʃ (m)	عشّ
tronco (m)	gez' (m)	جذع
raíz (f)	gezr (m)	جذر
corteza (f)	leḥā' (m)	لحاء
musgo (m)	ṭaḥlab (m)	طحلب
extirpar (vt)	eqtala'	إقتلع
talar (vt)	'aṭṭa'	قطّع
deforestar (vt)	azāl el ɣabāt	أزال الغابات
tocón (m)	gez' el ʃagara (m)	جذع الشجرة
hoguera (f)	nār moχayem (m)	نار مخيّم
incendio (m) forestal	ḥarī' ɣāba (m)	حريق غابة
apagar (~ el incendio)	ṭaffa	طفّى
guarda (m) forestal	ḥāres el ɣāba (m)	حارس الغابة
protección (f)	ḥemāya (f)	حماية
proteger (vt)	ḥama	حمى
cazador (m) furtivo	sāre' el ṣeyd (m)	سارق الصيد
cepo (m)	maṣyada (f)	مصيّدة
recoger (setas, bayas)	gamma'	جمّع
perderse (vr)	tāh	تاه

84. Los recursos naturales

recursos (m pl) naturales	sarawāt ṭabī'iya (pl)	ثروات طبيعيّة
recursos (m pl) subterráneos	ma'āden (pl)	معادن
depósitos (m pl)	rawāseb (pl)	رواسب
yacimiento (m)	ḥaql (m)	حقل
extraer (vt)	estaχrag	إستخرج
extracción (f)	esteχrāg (m)	إستخراج
mena (f)	χām (m)	خام
mina (f)	mangam (m)	منجم
pozo (m) de mina	mangam (m)	منجم
minero (m)	'āmel mangam (m)	عامل منجم
gas (m)	ɣāz (m)	غاز
gasoducto (m)	χaṭṭ anabīb ɣāz (m)	خطّ أنابيب غاز
petróleo (m)	nafṭ (m)	نفط

oleoducto (m)	anabīb el naft (pl)	أنابيب النفط
pozo (m) de petróleo	bīr el naft (m)	بير النفط
torre (f) de sondeo	ḥaffāra (f)	حفّارة
petrolero (m)	nāqelet betrūl (f)	ناقلة بترول
arena (f)	raml (m)	رمل
caliza (f)	ḥagar el kals (m)	حجر الكلس
grava (f)	ḥaṣa (m)	حصى
turba (f)	χaθ faḥm nabāty (m)	خث فحم نباتي
arcilla (f)	ṭīn (m)	طين
carbón (m)	faḥm (m)	فحم
hierro (m)	ḥadīd (m)	حديد
oro (m)	dahab (m)	ذهب
plata (f)	faḍḍa (f)	فضّة
níquel (m)	nikel (m)	نيكل
cobre (m)	neḥās (m)	نحاس
zinc (m)	zink (m)	زنك
manganeso (m)	manganīz (m)	منجنيز
mercurio (m)	zeʾbaq (m)	زئبق
plomo (m)	roṣāṣ (m)	رصاص
mineral (m)	maʿdan (m)	معدن
cristal (m)	kristāl (m)	كريستال
mármol (m)	roχām (m)	رخام
uranio (m)	yuranuim (m)	يورانيوم

85. El tiempo

tiempo (m)	ṭaʾs (m)	طقس
previsión (f) del tiempo	naʃra gawiya (f)	نشرة جويّة
temperatura (f)	ḥarāra (f)	حرارة
termómetro (m)	termometr (m)	ترمومتر
barómetro (m)	barometr (m)	بارومتر
húmedo (adj)	roṭob	رطب
humedad (f)	roṭūba (f)	رطوبة
bochorno (m)	ḥarāra (f)	حرارة
tórrido (adj)	ḥarr	حارّ
hace mucho calor	el gaww ḥarr	الجوّ حرّ
hace calor (templado)	el gaww dafa	الجوّ دفا
templado (adj)	dāfeʾ	دافئ
hace frío	el gaww bāred	الجوّ بارد
frío (adj)	bāred	بارد
sol (m)	ʃams (f)	شمس
brillar (vi)	nawwar	نوّر
soleado (un día ~)	moʃmes	مشمس
elevarse (el sol)	ʃaraʾ	شرق
ponerse (vr)	ɣarab	غرب
nube (f)	saḥāba (f)	سحابة

nuboso (adj)	meɣayem	مغيّم
nubarrón (m)	saḥābet maṭar (f)	سحابة مطر
nublado (adj)	meɣayem	مغيّم
lluvia (f)	maṭar (m)	مطر
está lloviendo	el donia betmaṭṭar	الدنيا بتمطّر
lluvioso (adj)	momṭer	ممطر
lloviznar (vi)	maṭṭaret razāz	مطّرت رذاذ
aguacero (m)	maṭar monhamer (f)	مطر منهمر
chaparrón (m)	maṭar ɣazīr (m)	مطر غزير
fuerte (la lluvia ~)	ʃedīd	شديد
charco (m)	berka (f)	بركة
mojarse (vr)	ettbal	إتّبل
niebla (f)	ʃabbūra (f)	شبّورة
nebuloso (adj)	fih ʃabbūra	فيه شبّورة
nieve (f)	talg (m)	ثلج
está nevando	fih talg	فيه ثلج

86. Los eventos climáticos severos. Los desastres naturales

tormenta (f)	ʿāṣefa raʿdiya (f)	عاصفة رعدية
relámpago (m)	barʾ (m)	برق
relampaguear (vi)	baraq	برق
trueno (m)	raʿd (m)	رعد
tronar (vi)	dawa	دوّى
está tronando	el samāʾ dawat raʿd (f)	السماء دوّت رعد
granizo (m)	maṭar bard (m)	مطر برد
está granizando	maṭṭaret bard	مطّرت برد
inundar (vt)	ɣamar	غمر
inundación (f)	fayaḍān (m)	فيضان
terremoto (m)	zelzāl (m)	زلزال
sacudida (f)	hazza arḍiya (f)	هزّة أرضية
epicentro (m)	markaz el zelzāl (m)	مركز الزلزال
erupción (f)	sawarān (m)	ثوّران
lava (f)	ḥomam borkāniya (pl)	حمم بركانية
torbellino (m), tornado (m)	eʿṣār (m)	إعصار
tifón (m)	tyfūn (m)	طوفان
huracán (m)	eʿṣār (m)	إعصار
tempestad (f)	ʿāṣefa (f)	عاصفة
tsunami (m)	tsunāmy (m)	تسونامي
ciclón (m)	eʿṣār (m)	إعصار
mal tiempo (m)	ṭaʾs sayeʾ (m)	طقس سيئ
incendio (m)	ḥarīʾ (m)	حريق
catástrofe (f)	karsa (f)	كارثة

meteorito (m)	nayzek (m)	نيّزك
avalancha (f)	enheyār talgy (m)	إنهيار ثلجي
alud (m) de nieve	enheyār talgy (m)	إنهيار ثلجي
ventisca (f)	'āṣefa talgiya (f)	عاصفة ثلجيّة
nevasca (f)	'āṣefa talgiya (f)	عاصفة ثلجيّة

LA FAUNA

87. Los mamíferos. Los predadores

carnívoro (m)	moftares (m)	مفترس
tigre (m)	nemr (m)	نمر
león (m)	asad (m)	أسد
lobo (m)	ze'b (m)	ذئب
zorro (m)	ta'lab (m)	ثعلب
jaguar (m)	nemr amrīky (m)	نمر أمريكي
leopardo (m)	fahd (m)	فهد
guepardo (m)	fahd ṣayād (m)	فهد صيّاد
pantera (f)	nemr aswad (m)	نمر أسوّد
puma (f)	asad el gebāl (m)	أسد الجبال
leopardo (m) de las nieves	nemr el tolūg (m)	نمر الثلوج
lince (m)	waʃaq (m)	وشق
coyote (m)	qayūṭ (m)	قيوط
chacal (m)	ebn 'āwy (m)	ابن آوى
hiena (f)	ḍeb' (m)	ضبع

88. Los animales salvajes

animal (m)	ḥayawān (m)	حيوان
bestia (f)	waḥʃ (m)	وحش
ardilla (f)	sengāb (m)	سنجاب
erizo (m)	qonfoz (m)	قنفذ
liebre (f)	arnab barry (m)	أرنب برّي
conejo (m)	arnab (m)	أرنب
tejón (m)	ɣarīr (m)	غرير
mapache (m)	rakūn (m)	راكون
hámster (m)	hamster (m)	هامستر
marmota (f)	marmoṭ (m)	مرموط
topo (m)	χold (m)	خلد
ratón (m)	fār (m)	فأر
rata (f)	gerz (m)	جرذ
murciélago (m)	χoffāʃ (m)	خفّاش
armiño (m)	qāqem (m)	قاقم
cebellina (f)	sammūr (m)	سمّور
marta (f)	fara'īāt (m)	فرائيات
comadreja (f)	ebn 'ers (m)	ابن عرس
visón (m)	mink (m)	منك

castor (m)	qondos (m)	قندس
nutria (f)	ta'lab maya (m)	ثعلب الميّة
caballo (m)	ḥoṣān (m)	حصان
alce (m)	eyl el mūz (m)	أيّل الموظ
ciervo (m)	ayl (m)	أيل
camello (m)	gamal (m)	جمل
bisonte (m)	bison (m)	بيسون
uro (m)	byson orobby (m)	بيسون أوروبي
búfalo (m)	gamūs (m)	جاموس
cebra (f)	ḥomār waḥʃy (m)	حمار وحشي
antílope (m)	ẓaby (m)	ظبي
corzo (m)	yaḥmūr orobby (m)	يحمورأوروبيّ
gamo (m)	eyl asmar orobby (m)	أيّل أسمر أوروبي
gamuza (f)	ʃamwah (f)	شاموٰه
jabalí (m)	χenzīr barry (m)	خنزير برّي
ballena (f)	ḥūt (m)	حوت
foca (f)	foqma (f)	فقمة
morsa (f)	el kab' (m)	الكبع
oso (m) marino	foqmet el farā' (f)	فقمة الفراء
delfín (m)	dolfīn (m)	دولفين
oso (m)	dobb (m)	دبّ
oso (m) blanco	dobb 'oṭṭby (m)	دبّ قطبي
panda (f)	banda (m)	باندا
mono (m)	'erd (m)	قرد
chimpancé (m)	ʃimbanzy (m)	شيمبانزي
orangután (m)	orangutan (m)	أورنغوتان
gorila (m)	ɣorella (f)	غوريلا
macaco (m)	'erd el makāk (m)	قرد المكاك
gibón (m)	gibbon (m)	جيبون
elefante (m)	fīl (m)	فيل
rinoceronte (m)	χartīt (m)	خرتيت
jirafa (f)	zarāfa (f)	زرافة
hipopótamo (m)	faras el nahr (m)	فرس النهر
canguro (m)	kangarū (m)	كانجّارو
koala (f)	el koala (m)	الكوالا
mangosta (f)	nems (m)	نمس
chinchilla (f)	ʃenʃīla (f)	شنشيلة
mofeta (f)	ẓerbān (m)	ظربان
espín (m)	nīṣ (m)	نيص

89. Los animales domésticos

gata (f)	'oṭṭa (f)	قطّة
gato (m)	'oṭṭ (m)	قطّ
perro (m)	kalb (m)	كلب

caballo (m)	ḥoṣān (m)	حصان
garañón (m)	χeyl faḥl (m)	خيل فحل
yegua (f)	faras (f)	فرس
vaca (f)	ba'ara (f)	بقرة
toro (m)	sore (m)	ثور
buey (m)	sore (m)	ثور
oveja (f)	χarūf (f)	خروف
carnero (m)	kebʃ (m)	كبش
cabra (f)	me'za (f)	معزة
cabrón (m)	mā'ez zakar (m)	ماعز ذكر
asno (m)	ḥomār (m)	حمار
mulo (m)	baɣl (m)	بغل
cerdo (m)	χenzīr (m)	خنزير
cerdito (m)	χannūṣ (m)	خنّوص
conejo (m)	arnab (m)	أرنب
gallina (f)	farχa (f)	فرخة
gallo (m)	dīk (m)	ديك
pato (m)	baṭṭa (f)	بطّة
ánade (m)	dakar el baṭṭ (m)	ذكر البط
ganso (m)	wezza (f)	وزّة
pavo (m)	dīk rūmy (m)	ديك رومي
pava (f)	dīk rūmy (m)	ديك رومي
animales (m pl) domésticos	ḥayawānāt dawāgen (pl)	حيوانات دواجن
domesticado (adj)	alīf	أليف
domesticar (vt)	rawweḍ	روّض
criar (vt)	rabba	ربّى
granja (f)	mazra'a (f)	مزرعة
aves (f pl) de corral	dawāgen (pl)	دواجن
ganado (m)	māʃeya (f)	ماشية
rebaño (m)	qaṭee' (m)	قطيع
caballeriza (f)	esṭabl χeyl (m)	إسطبل خيل
porqueriza (f)	ḥazīret χanazīr (f)	حظيرة الخنازير
vaquería (f)	zerībet el ba'ar (f)	زريبة البقر
conejal (m)	qan el arāneb (m)	قن الأرانب
gallinero (m)	qan el ferāχ (m)	قن الفراخ

90. Los pájaros

pájaro (m)	ṭā'er (m)	طائر
paloma (f)	ḥamāma (f)	حمامة
gorrión (m)	'aṣfūr dawri (m)	عصفور دوري
carbonero (m)	qarqaf (m)	قرقف
urraca (f)	'a''a' (m)	عقعق
cuervo (m)	ɣorāb aswad (m)	غراب أسود

corneja (f)	ɣorāb (m)	غراب
chova (f)	zāɣ zarʿy (m)	زاغ زرعي
grajo (m)	ɣorāb el qeyẓ (m)	غراب القيظ
pato (m)	baṭṭa (f)	بطّة
ganso (m)	wezza (f)	وزّة
faisán (m)	tadarrog (m)	تدرج
águila (f)	ʿeqāb (m)	عقاب
azor (m)	el bāz (m)	الباز
halcón (m)	ṣaʾr (m)	صقر
buitre (m)	nesr (m)	نسر
cóndor (m)	kondor (m)	كندور
cisne (m)	el temm (m)	التّم
grulla (f)	karkiya (m)	كركية
cigüeña (f)	loqloq (m)	لقلق
loro (m), papagayo (m)	babaɣāʾ (m)	ببغاء
colibrí (m)	ṭannān (m)	طنّان
pavo (m) real	ṭawūs (m)	طاووس
avestruz (m)	naʿāma (f)	نعامة
garza (f)	belʃone (m)	بلشون
flamenco (m)	flamingo (m)	فلامينجو
pelícano (m)	bagʿa (f)	بجعة
ruiseñor (m)	ʿandalīb (m)	عندليب
golondrina (f)	el sonūnū (m)	السنونو
tordo (m)	somnet el ḥoqūl (m)	سمنة الحقول
zorzal (m)	somna moɣarreda (m)	سمنة مغرّدة
mirlo (m)	ʃaḥrūr aswad (m)	شحرور أسود
vencejo (m)	semmāma (m)	سمّامة
alondra (f)	qabra (f)	قبرة
codorniz (f)	semmān (m)	سمّان
pájaro carpintero (m)	naʾār el χaʃab (m)	نقار الخشب
cuco (m)	weqwāq (m)	وقواق
lechuza (f)	būma (f)	بومة
búho (m)	būm orāsy (m)	بوم أوراسي
urogallo (m)	dīk el χalang (m)	ديك الخلنج
gallo lira (m)	ṭyhūg aswad (m)	طيهوج أسود
perdiz (f)	el ḥagal (m)	الحجل
estornino (m)	zerzūr (m)	زرزور
canario (m)	kanāry (m)	كناري
ortega (f)	ṭyhūg el bondoʾ (m)	طيهوج البندق
pinzón (m)	ʃarʃūr (m)	شرشور
camachuelo (m)	deɣnāʃ (m)	دغناش
gaviota (f)	nawras (m)	نورس
albatros (m)	el qoṭros (m)	القطرس
pingüino (m)	beṭrīq (m)	بطريق

91. Los peces. Los animales marinos

brema (f)	abramīs (m)	أبراميس
carpa (f)	ʃabbūṭ (m)	شبّوط
perca (f)	farχ (m)	فرخ
siluro (m)	ʾarmūṭ (m)	قرموط
lucio (m)	karāky (m)	كراكي
salmón (m)	salamon (m)	سلمون
esturión (m)	ḥafʃ (m)	حفش
arenque (m)	renga (f)	رنجة
salmón (m) del Atlántico	salamon aṭlasy (m)	سلمون أطلسي
caballa (f)	makerel (m)	ماكريل
lenguado (m)	samak mefalṭah (f)	سمك مفلطح
lucioperca (f)	samak sandar (m)	سمك سندر
bacalao (m)	el qadd (m)	القد
atún (m)	tuna (f)	تونة
trucha (f)	salamon meraʾʾaṭ (m)	سلمون مرقّط
anguila (f)	ḥankalīs (m)	حنكليس
raya (f) eléctrica	raʿād (m)	رعاد
morena (f)	moraya (f)	مورايية
piraña (f)	bīrana (f)	بيرانا
tiburón (m)	ʾerʃ (m)	قرش
delfín (m)	dolfīn (m)	دولفين
ballena (f)	ḥūt (m)	حوت
centolla (f)	kaboria (m)	كابوريا
medusa (f)	ʾandīl el baḥr (m)	قنديل البحر
pulpo (m)	aχṭabūṭ (m)	أخطبوط
estrella (f) de mar	negmet el baḥr (f)	نجمة البحر
erizo (m) de mar	qonfoz el baḥr (m)	قنفذ البحر
caballito (m) de mar	ḥoṣān el baḥr (m)	حصان البحر
ostra (f)	maḥār (m)	محار
camarón (m)	gammbary (m)	جمّبري
bogavante (m)	estakoza (f)	استكوزا
langosta (f)	estakoza (m)	استاكوزا

92. Los anfibios. Los reptiles

serpiente (f)	teʿbān (m)	ثعبان
venenoso (adj)	sām	سام
víbora (f)	afʿa (f)	أفعى
cobra (f)	kobra (m)	كوبرا
pitón (m)	teʿbān byton (m)	ثعبان بايثون
boa (f)	bawāʾ el ʿaṣera (f)	بواء العاصرة
culebra (f)	teʿbān el ʿoʃb (m)	ثعبان العشب

serpiente (m) de cascabel	afʿa megalgela (f)	أفعى مجلجلة
anaconda (f)	anakonda (f)	أناكوندا
lagarto (m)	seḥliya (f)	سحليّة
iguana (f)	eɣwana (f)	إغوانة
varano (m)	warl (m)	ورل
salamandra (f)	salamander (m)	سلمندر
camaleón (m)	ḥerbāya (f)	حرباية
escorpión (m)	ʿaʾrab (m)	عقرب
tortuga (f)	solḥefah (f)	سلحفاة
rana (f)	ḍeffḍaʿ (m)	ضفدع
sapo (m)	ḍeffḍaʿ el ṭeyn (m)	ضفدع الطين
cocodrilo (m)	temsāḥ (m)	تمساح

93. Los insectos

insecto (m)	ḥaʃara (f)	حشرة
mariposa (f)	farāʃa (f)	فراشة
hormiga (f)	namla (f)	نملة
mosca (f)	debbāna (f)	دبّانة
mosquito (m) (picadura de ~)	namūsa (f)	ناموسة
escarabajo (m)	χonfesa (f)	خنفسة
avispa (f)	dabbūr (m)	دبّور
abeja (f)	naḥla (f)	نحلة
abejorro (m)	naḥla ṭannāna (f)	نحلة طنّانة
moscardón (m)	naʿra (f)	نعرة
araña (f)	ʿankabūt (m)	عنكبوت
telaraña (f)	nasīg ʿankabūt (m)	نسيج عنكبوت
libélula (f)	yaʿsūb (m)	يعسوب
saltamontes (m)	garād (m)	جراد
mariposa (f) nocturna	ʿetta (f)	عثّة
cucaracha (f)	ṣarṣūr (m)	صرصور
garrapata (f)	qarāda (f)	قرادة
pulga (f)	barɣūt (m)	برغوث
mosca (f) negra	baʿūḍa (f)	بعوضة
langosta (f)	garād (m)	جراد
caracol (m)	ḥalazōn (m)	حلزون
grillo (m)	ṣarṣūr el ḥaql (m)	صرصور الحقل
luciérnaga (f)	yarāʿa (f)	يراعة
mariquita (f)	χonfesa menaʾṭṭa (f)	خنفسة منقّطة
sanjuanero (m)	χonfesa motlefa lel nabāt (f)	خنفسة متلفة للنبات
sanguijuela (f)	ʿalaqa (f)	علقة
oruga (f)	yasrūʿ (m)	يسروع
lombriz (m) de tierra	dūda (f)	دودة
larva (f)	yaraqa (f)	يرقة

LA FLORA

94. Los árboles

árbol (m)	ʃagara (f)	شجرة
foliáceo (adj)	nafḍiya	نفضيّة
conífero (adj)	ṣonoberiya	صنوبرية
de hoja perenne	dā'emet el χoḍra	دائمة الخضرة
manzano (m)	ʃagaret toffāḥ (f)	شجرة تفّاح
peral (m)	ʃagaret komettra (f)	شجرة كمثّرى
cerezo (m), guindo (m)	ʃagaret karaz (f)	شجرة كرز
ciruelo (m)	ʃagaret bar'ū' (f)	شجرة برقوق
abedul (m)	batola (f)	بتولا
roble (m)	ballūṭ (f)	بلّوط
tilo (m)	zayzafūn (f)	زيزفون
pobo (m)	ḥūr rāgef	حور راجف
arce (m)	qayqab (f)	قيقب
pícea (f)	rateng (f)	راتينج
pino (m)	ṣonober (f)	صنوبر
alerce (m)	arziya (f)	أرزية
abeto (m)	tanūb (f)	تنوب
cedro (m)	el orz (f)	الأرز
álamo (m)	ḥūr (f)	حور
serbal (m)	ɣobayrā' (f)	غبيراء
sauce (m)	ṣefsāf (f)	صفصاف
aliso (m)	gār el mā' (m)	جار الماء
haya (f)	el zān (f)	الزان
olmo (m)	derdar (f)	دردار
fresno (m)	marān (f)	مران
castaño (m)	kastanā' (f)	كستناء
magnolia (f)	maɣnolia (f)	ماغنوليا
palmera (f)	naχla (f)	نخلة
ciprés (m)	el soro (f)	السرو
mangle (m)	mangrūf (f)	مانجروف
baobab (m)	baobab (f)	باوباب
eucalipto (m)	eukalyptus (f)	أوكالبتوس
secoya (f)	sequoia (f)	سيكويا

95. Los arbustos

mata (f)	ʃogeyra (f)	شجيرة
arbusto (m)	ʃogayrāt (pl)	شجيرات

vid (f)	karma (f)	كرمة
viñedo (m)	karam (m)	كرم
frambueso (m)	zarʿet tūt el ʿallīʾ el aḥmar (f)	زرعة توت العليق الأحمر
grosellero (m) rojo	keʃmeʃ aḥmar (m)	كشمش أحمر
grosellero (m) espinoso	ʿenab el saʿlab (m)	عنب الثعلب
acacia (f)	aqaqia (f)	أقاقيا
berberís (m)	berbarīs (m)	برباريس
jazmín (m)	yasmīn (m)	ياسمين
enebro (m)	ʿarʿar (m)	عرعر
rosal (m)	ʃogeyret ward (f)	شجيرة ورد
escaramujo (m)	ward el seyāg (pl)	ورد السياج

96. Las frutas. Las bayas

fruto (m)	tamra (f)	تمرة
frutos (m pl)	tamr (m)	تمر
manzana (f)	toffāḥa (f)	تفّاحة
pera (f)	komettra (f)	كمّثرى
ciruela (f)	barʾūʾ (m)	برقوق
fresa (f)	farawla (f)	فراولة
guinda (f), cereza (f)	karaz (m)	كرز
uva (f)	ʿenab (m)	عنب
frambuesa (f)	tūt el ʿallīʾ el aḥmar (m)	توت العليق الأحمر
grosella (f) negra	keʃmeʃ aswad (m)	كشمش أسود
grosella (f) roja	keʃmeʃ aḥmar (m)	كشمش أحمر
grosella (f) espinosa	ʿenab el saʿlab (m)	عنب الثعلب
arándano (m) agrio	ʿenabiya ḥāda el χebāʾ (m)	عنبية حادة الخباء
naranja (f)	bortoqāl (m)	برتقال
mandarina (f)	yosfy (m)	يوسفي
piña (f)	ananās (m)	أناناس
banana (f)	moze (m)	موز
dátil (m)	tamr (m)	تمر
limón (m)	lymūn (m)	ليمون
albaricoque (m)	meʃmeʃ (f)	مشمش
melocotón (m)	χawχa (f)	خوخة
kiwi (m)	kiwi (m)	كيوي
toronja (f)	grabe frūt (m)	جريب فروت
baya (f)	tūt (m)	توت
bayas (f pl)	tūt (pl)	توت
arándano (m) rojo	ʿenab el sore (m)	عنب الثور
fresa (f) silvestre	farawla barriya (f)	فراولة بريّة
arándano (m)	ʿenab al aḥrāg (m)	عنب الأحراج

97. Las flores. Las plantas

flor (f)	zahra (f)	زهرة
ramo (m) de flores	bokeyh (f)	بوكيه
rosa (f)	warda (f)	وردة
tulipán (m)	tolīb (f)	توليب
clavel (m)	’oronfol (m)	قرنفل
gladiolo (m)	el dalbūs (f)	الدَلْبُوث
aciano (m)	qanṭeryūn ‘anbary (m)	قنطريون عنبري
campanilla (f)	garīs mostadīr el awrā’ (m)	جريس مستدير الأوراق
diente (m) de león	handabā’ (f)	هندباء
manzanilla (f)	kamomile (f)	كاموميل
áloe (m)	el alowa (m)	الألوّة
cacto (m)	ṣabbār (m)	صبّار
ficus (m)	faykas (m)	فيكس
azucena (f)	zanbaq (f)	زنبق
geranio (m)	ɣarnūqy (f)	غرنوقي
jacinto (m)	el lavender (f)	اللافندر
mimosa (f)	mimoza (f)	ميموزا
narciso (m)	nerges (f)	نرجس
capuchina (f)	abo χangar (f)	أبو خنجر
orquídea (f)	orkid (f)	أوركيد
peonía (f)	fawnia (f)	فاوانيا
violeta (f)	el banafseg (f)	البنفسج
trinitaria (f)	bansy (f)	بانسي
nomeolvides (f)	’āzān el fa’r (pl)	آذان الفأر
margarita (f)	aqwaḥān (f)	أقحوان
amapola (f)	el χoʃχāʃ (f)	الخشخاش
cáñamo (m)	qanb (m)	قنب
menta (f)	ne‘nā‘ (m)	نعناع
muguete (m)	zanbaq el wādy (f)	زنبق الوادي
campanilla (f) de las nieves	zahrat el laban (f)	زهرة اللبن
ortiga (f)	’arrāṣ (m)	قرّاص
acedera (f)	ḥammāḍ bostāny (m)	حمّاض بستاني
nenúfar (m)	niloferiya (f)	نيلوفرية
helecho (m)	sarχas (m)	سرخس
liquen (m)	aʃna (f)	أشنة
invernadero (m) tropical	ṣoba (f)	صوبة
césped (m)	‘oʃb aχḍar (m)	عشب أخضر
macizo (m) de flores	geneynet zohūr (f)	جنينة زهور
planta (f)	nabāt (m)	نبات
hierba (f)	‘oʃb (m)	عشب
hoja (f) de hierba	‘oʃba (f)	عشبة

hoja (f)	wara'a (f)	ورقة
pétalo (m)	wara'et el zahra (f)	ورقة الزهرة
tallo (m)	sāq (f)	ساق
tubérculo (m)	darna (f)	درنة
retoño (m)	nabta saɣīra (f)	نبتة صغيرة
espina (f)	ʃawka (f)	شوكة
florecer (vi)	fattaḥet	فتّحت
marchitarse (vr)	debel	ذبل
olor (m)	rīḥa (f)	ريحة
cortar (vt)	'aṭa'	قطع
coger (una flor)	'aṭaf	قطف

98. Los cereales, los granos

grano (m)	ḥobūb (pl)	حبوب
cereales (m pl) (plantas)	maḥaṣīl el ḥubūb (pl)	محاصيل الحبوب
espiga (f)	sonbola (f)	سنبلة
trigo (m)	'amḥ (m)	قمح
centeno (m)	ʃelm mazrū' (m)	شيلم مزروع
avena (f)	ʃofān (m)	شوفان
mijo (m)	el deχn (m)	الدُخن
cebada (f)	ʃe'īr (m)	شعير
maíz (m)	dora (f)	ذرة
arroz (m)	rozz (m)	رزّ
alforfón (m)	ḥanṭa soda' (f)	حنطة سوداء
guisante (m)	besella (f)	بسلّة
fréjol (m)	faṣolya (f)	فاصوليا
soya (f)	fūl el ṣoya (m)	فول الصويا
lenteja (f)	'ads (m)	عدس
habas (f pl)	fūl (m)	فول

LOS PAÍSES

99. Los países. Unidad 1

Afganistán (m)	afɣanistan (f)	أفغانستان
Albania (f)	albānia (f)	ألبانيا
Alemania (f)	almānya (f)	ألمانيا
Arabia (f) Saudita	el so'odiya (f)	السعوديّة
Argentina (f)	arʒantīn (f)	الأرجنتين
Armenia (f)	armīnia (f)	أرمينيا
Australia (f)	ostorālya (f)	أستراليا
Austria (f)	el nemsa (f)	النمسا
Azerbaiyán (m)	azrabiʒān (m)	أذربيجان
Bangladesh (m)	bangladeʃ (f)	بنجلاديش
Bélgica (f)	balʒīka (f)	بلجيكا
Bielorrusia (f)	belarūsia (f)	بيلاروسيا
Bolivia (f)	bolivia (f)	بوليفيا
Bosnia y Herzegovina	el bosna wel harsek (f)	البوسنة والهرسك
Brasil (m)	el barazīl (f)	البرازيل
Bulgaria (f)	bolɣāria (f)	بلغاريا
Camboya (f)	kambodya (f)	كمبوديا
Canadá (f)	kanada (f)	كندا
Chequia (f)	gomhoriya el tʃīk (f)	جمهورية التشيك
Chile (m)	tʃīly (f)	تشيلي
China (f)	el ṣīn (f)	الصين
Chipre (m)	'obroṣ (f)	قبرص
Colombia (f)	kolombia (f)	كولومبيا
Corea (f) del Norte	korea el ʃamāliya (f)	كوريا الشماليّة
Corea (f) del Sur	korea el ganūbiya (f)	كوريا الجنوبيّة
Croacia (f)	kroātya (f)	كرواتيا
Cuba (f)	kūba (f)	كوبا
Dinamarca (f)	el denmark (f)	الدنمارك
Ecuador (m)	el equador (f)	الإكوادور
Egipto (m)	maṣr (f)	مصر
Emiratos (m pl) Árabes Unidos	el emārāt el 'arabiya el mottaḥeda (pl)	الإمارات العربية المتّحدة
Escocia (f)	oskotlanda (f)	اسكتلندا
Eslovaquia (f)	slovākia (f)	سلوفاكيا
Eslovenia	slovenia (f)	سلوفينيا
España (f)	asbānya (f)	إسبانيا
Estados Unidos de América (m pl)	el welayāt el mottaḥda el amrīkiya (pl)	الولايات المتّحدة الأمريكيّة
Estonia (f)	estūnia (f)	إستونيا
Finlandia (f)	finlanda (f)	فنلندا
Francia (f)	faransa (f)	فرنسا

100. Los países. Unidad 2

Georgia (f)	ʒorʒia (f)	جورجيا
Ghana (f)	ɣana (f)	غانا
Gran Bretaña (f)	briṭaniya el ʿozma (f)	بريطانيا العظمى
Grecia (f)	el yunān (f)	اليونان
Haití (m)	haīti (f)	هايتي
Hungría (f)	el magar (f)	المجر
India (f)	el hend (f)	الهند
Indonesia (f)	indonisya (f)	إندونيسيا
Inglaterra (f)	engeltera (f)	إنجلترا
Irak (m)	el ʿerāq (m)	العراق
Irán (m)	iran (f)	إيران
Irlanda (f)	irelanda (f)	أيرلندا
Islandia (f)	ʾāyslanda (f)	آيسلندا
Islas (f pl) Bahamas	gozor el bahāmas (pl)	جزر البهاماس
Israel (m)	israʾīl (f)	إسرائيل
Italia (f)	eṭālia (f)	إيطاليا
Jamaica (f)	ʒamayka (f)	جامايكا
Japón (m)	el yabān (f)	اليابان
Jordania (f)	el ordon (m)	الأردن
Kazajstán (m)	kazaχistān (f)	كازاخستان
Kenia (f)	kenya (f)	كينيا
Kirguizistán (m)	qirɣizestān (f)	قيرغيزستان
Kuwait (m)	el kuweyt (f)	الكويت
Laos (m)	laos (f)	لاوس
Letonia (f)	latvia (f)	لاتفيا
Líbano (m)	lebnān (f)	لبنان
Libia (f)	libya (f)	ليبيا
Liechtenstein (m)	liʃtenʃtayn (m)	ليشتنشتاين
Lituania (f)	litwānia (f)	ليتوانيا
Luxemburgo (m)	luksemburg (f)	لوكسمبورج
Macedonia	maqdūnia (f)	مقدونيا
Madagascar (m)	madaɣaʃkar (f)	مدغشقر
Malasia (f)	malīzya (f)	ماليزيا
Malta (f)	malṭa (f)	مالطا
Marruecos (m)	el maɣreb (m)	المغرب
Méjico (m)	el maksīk (f)	المكسيك
Moldavia (f)	moldāvia (f)	مولدافيا
Mónaco (m)	monako (f)	موناكو
Mongolia (f)	manɣūlia (f)	منغوليا
Montenegro (m)	el gabal el aswad (m)	الجبل الأسود
Myanmar (m)	myanmar (f)	ميانمار

101. Los países. Unidad 3

Namibia (f)	namibia (f)	ناميبيا
Nepal (m)	nebāl (f)	نيبال

Noruega (f)	el nerwīg (f)	النرويج
Nueva Zelanda (f)	nyu zelanda (f)	نيوزيلندا
Países Bajos (m pl)	holanda (f)	هولندا
Pakistán (m)	bakistān (f)	باكستان
Palestina (f)	felesṭīn (f)	فلسطين
Panamá (f)	banama (f)	بنما
Paraguay (m)	baraguay (f)	باراجواي
Perú (m)	beru (f)	بيرو
Polinesia (f) Francesa	bolenezia el faransiya (f)	بولينزيا الفرنسيّة
Polonia (f)	bolanda (f)	بولندا
Portugal (m)	el bortoɣāl (f)	البرتغال
República (f) Dominicana	gomhoriya el dominikan (f)	جمهوريّة الدومينيكان
República (f) Sudafricana	afreqia el ganūbiya (f)	أفريقيا الجنوبيّة
Rumania (f)	romānia (f)	رومانيا
Rusia (f)	rūsya (f)	روسيا
Senegal (m)	el senɣāl (f)	السنغال
Serbia (f)	ṣerbia (f)	صربيا
Siria (f)	soria (f)	سوريا
Suecia (f)	el sweyd (f)	السويد
Suiza (f)	swesra (f)	سويسرا
Surinam (m)	surinam (f)	سورينام
Tayikistán (m)	ṭaʒīkistan (f)	طاجيكستان
Tailandia (f)	tayland (f)	تايلاند
Taiwán (m)	taywān (f)	تايوان
Tanzania (f)	tanznia (f)	تنزانيا
Tasmania (f)	tasmania (f)	تاسمانيا
Túnez (m)	tunis (f)	تونس
Turkmenistán (m)	turkmānistān (f)	تركمانستان
Turquía (f)	turkia (f)	تركيا
Ucrania (f)	okrānia (f)	أوكرانيا
Uruguay (m)	uruguay (f)	أوروجواي
Uzbekistán (m)	uzbakistān (f)	أوزبكستان
Vaticano (m)	el vatikān (m)	الفاتيكان
Venezuela (f)	venzweyla (f)	فنزويلا
Vietnam (m)	vietnām (f)	فيتنام
Zanzíbar (m)	zanʒibār (f)	زنجبار

www.ingramcontent.com/pod-product-compliance
Lightning Source LLC
Chambersburg PA
CBHW070825050426
42452CB00011B/2186
* 9 7 8 1 7 8 7 1 6 7 4 1 4 *